GW00536234

Les Trois Mousquetaires

Alexandre Dumas

TOME 1: Au service du roi

Adaptation du texte : Henri Remachel

FRANÇAIS LANGUE ÉTRANGÈRE

CD audio

Durée : 1 h 54

Format MP3 : Les MP3 s'écoutent sur l'ordinateur, sur les baladeurs, les autoradios, les lecteurs CD et DVD fabriqués depuis 2004.

Enregistrements : LBP Studio, Malek Duchêne

Comédien : François D'Aubigny

Piste 1	*Chapitre 1*
Piste 2	*Chapitre 2*
Piste 3	*Chapitre 3*
Piste 4	*Chapitre 4*
Piste 5	*Chapitre 5*
Piste 6	*Chapitre 6*
Piste 7	*Chapitre 7*
Piste 8	*Chapitre 8*

Adaptation du texte : Henri Remachel

Rédaction du dossier pédagogique : Marie-Françoise Gliemann

Édition : Christine Delormeau

Maquette de couverture : Nicolas Piroux

Illustration de couverture : Nicolas Piroux

Maquette intérieure : Sophie Fournier-Villiot (Amarante)

Mise en pages : Atelier des 2 Ormeaux

Illustrations : Philippe Masson

Pour Hachette Éducation, le principe est d'utiliser des papiers composés de fibres naturelles, renouvelables, recyclables, fabriqués à partir de bois issus de forêts qui adoptent un système d'aménagement durable. En outre, Hachette Éducation attend de ses fournisseurs de papier qu'ils s'inscrivent dans une démarche de certification environnementale reconnue.

ISBN : 978-2-01-155757-5

SOMMAIRE

SOMMAIRE

ACTIVITÉS

FICHES

CORRIGÉS DES ACTIVITÉS

CHAPITRE 1

BATTEZ-VOUS, SURTOUT
SI SE BATTRE EST DÉFENDU[1]

Le premier lundi du mois d'avril 1625, à cinq heures du soir, dans le village de Meung, des femmes courent dans la Grand-Rue. Des enfants crient devant les portes. Des hommes prennent leurs armes. Ils marchent vers l'hôtellerie[2] du Franc-Meunier.

Arrivé là, chacun peut voir la cause de tout ce bruit. C'est un jeune homme maigre, âgé de dix-huit ans. Sa veste de laine a été de couleur bleue. Elle ne l'est malheureusement plus. Son visage est brun, large comme chez beaucoup de gens intelligents. L'œil est bien ouvert. Une longue épée pend[3] le long des jambes.

Notre jeune homme a un cheval ! Et quel cheval ! C'est un vieux cheval de Gascogne. Il est âgé de douze à quatorze ans. Il est jaune, sans poils à la queue. Ses jambes, fortes il est vrai, peuvent le porter encore plus de trente kilomètres par jour. Malheureusement, personne ne peut le savoir. Et dans un pays où tout le monde croit savoir reconnaître un bon d'un mauvais cheval, un animal pareil fait courir toute la ville et fait rire.

Son maître, le jeune d'Artagnan, le sait bien et il l'a reçu de son père avec tristesse. Celui-ci le lui a donné en disant :

« Mon fils, ce cheval est né dans la maison de votre père, il y a bientôt treize ans et il y est resté depuis ce temps-là. C'est une

---

1 Défendu : ici, interdit, qui n'est pas permis.
2 Une hôtellerie : maison où on loue des chambres.
3 Pendre : ici, descendre.

raison pour vous de l'aimer. Ne le vendez jamais. Laissez-le mourir tranquillement. Faites attention à lui comme à un vieux serviteur.

« Noble, vous serez reçu par le roi. Près de lui, rappelez-vous toujours que vous portez un nom connu depuis plus de cinq cents ans.

« C'est par son courage, par son courage seul, qu'un homme réussit. Ne laissez pas passer votre chance[4]. N'ayez pas peur des difficultés[5]. Cherchez-les. Je vous ai fait apprendre à vous servir de l'épée. Vous avez bon pied, bon œil, bonne main. Battez-vous, surtout si cela est défendu. Il y a alors deux fois du courage à se battre.

« Je peux, mon fils, vous donner seulement quinze pièces d'or, mon cheval et des conseils[6]. Votre mère y ajoutera la façon de préparer un certain médicament[7]. Il guérit[8] toute blessure qui ne touche pas le cœur.

« Voyez tout. Entendez tout. Vivez heureusement et longtemps.

« J'ai seulement à ajouter ceci : Prenez exemple sur M. de Tréville. Cet homme a été mon voisin autrefois. Il a joué, enfant, avec notre roi Louis XIII. Il est maintenant chef des Mousquetaires. Le cardinal de Richelieu n'a peur de rien, comme vous le savez ; mais il fait attention à lui. M. de Tréville a commencé comme vous. Allez le voir avec cette lettre et faites comme lui. »

M. d'Artagnan père donne alors à son fils sa propre épée et il l'embrasse sur les deux joues.

Le jeune homme sort de la chambre. Il rencontre sa mère. Elle l'attend avec le médicament bien nécessaire après les conseils du père. Le même jour, il part avec les quinze pièces d'or, le cheval, la lettre pour M. de Tréville et les conseils en plus.

---

4   La chance : quelque chose de bien qui nous arrive.
5   Les difficultés : les choses difficiles, les problèmes.
6   Donner un conseil : dire à quelqu'un ce qu'on pense qu'il doit faire.
7   Un médicament : ça sert à guérir quand on est malade ou blessé.
8   Guérir : rendre la santé.

Première bataille

Depuis neuf cents kilomètres, à cause du malheureux cheval, d'Artagnan a peur d'être insulté[9]. Il a le poing gauche fermé et, dix fois par jour, il pose la main droite sur son épée. La vue du cheval jaune et sans poils amène bien des sourires sur les visages des passants ; mais la grande épée et le visage dur les arrêtent. Aussi, tout va bien jusqu'à cette malheureuse ville de Meung.

Là, nous l'avons dit, d'Artagnan descend de cheval à la porte du Franc-Meunier. Aucun serviteur ne vient l'aider. Un seigneur très grand et très bien habillé, mais à l'air désagréable, est debout à la fenêtre du rez-de-chaussée. Il parle avec deux personnes.

Celles-ci l'écoutent avec attention[10]. D'Artagnan, tout naturellement, comme d'habitude, croit qu'on parle de lui. Il écoute. Cette fois-ci, il se trompe[11] à moitié seulement : on ne parle pas de lui, mais de son cheval. Et on rit. Ce n'est plus un simple sourire.

D'Artagnan veut d'abord voir le visage de celui qui l'insulte. C'est un homme de quarante à quarante-cinq ans, aux yeux noirs et durs, à la peau très blanche, au nez fort[12], aux cheveux noirs. Ses habits sont faits d'un beau tissu. La chemise est bien blanche. Mais on voit que tous ses vêtements ont été longtemps renfermés. Ce sont sûrement des habits de voyage. D'Artagnan voit tout cela tout de suite.

Il regarde le seigneur et celui-ci fait justement une nouvelle remarque[13] sur le pauvre cheval. Ses deux amis rient. Lui-même, contre son habitude, sourit légèrement. Cette fois-ci, c'est sûr,

---

9 Insulter (quelqu'un) : lui dire des choses désagréables, des injures. Un noble insulté doit se battre en duel pour ne pas perdre l'honneur.
10 Écouter avec attention : écouter en essayant de bien comprendre.
11 Se tromper : ici, croire une chose fausse.
12 Fort : ici, gros.
13 Faire une remarque : ici, dire quelque chose de désagréable.

d'Artagnan est insulté. Aussi, il met une main à l'épée, l'autre à la ceinture et il avance lentement. Malheureusement, la colère monte en lui[14], et, au lieu des belles paroles[15] préparées, il sait seulement dire : « Eh ! Monsieur, monsieur qui vous cachez à cette fenêtre ! Oui, dites-moi donc un peu ce qui vous fait rire et nous rirons ensemble. »

Le gentilhomme ramène lentement les yeux du cheval à son maître. Il ne semble pas d'abord comprendre qu'on lui parle, il répond à d'Artagnan :

« Je ne vous parle pas, monsieur.

---

14 La colère monte en lui : il devient de plus en plus fâché.
15 Une parole : un mot.

— Mais je vous parle, moi ! », crie le jeune homme, rouge de colère.

L'étranger le regarde encore avec un léger sourire. Il quitte la fenêtre et sort lentement de l'hôtel. Il s'arrête à deux pas de d'Artagnan et se place en face du cheval. Ses amis, à la fenêtre, rient de plus en plus fort.

D'Artagnan, le voyant arriver, commence à tirer son épée du fourreau[16].

L'inconnu, lui, continue de parler à ses amis à la fenêtre. Il fait semblant[17] de ne pas voir d'Artagnan entre lui et eux.

« Ce cheval, dit-il, est ou plutôt a été, dans sa jeunesse, un bouton d'or[18]. C'est une couleur connue dans la nature, mais jusqu'à maintenant très rare chez les chevaux.

— Vous riez du cheval, mais vous n'oseriez pas rire du maître ! crie le jeune homme.

— Je ne ris pas souvent, monsieur, répond l'inconnu. Vous pouvez le voir vous-même à l'air de mon visage ; mais je tiens à[19] rire quand cela me plaît.

— Et moi, s'écrie d'Artagnan, je ne veux pas voir rire quand il me déplaît !

— Vraiment, monsieur ?, continue l'inconnu, plus tranquillement que jamais, eh bien ! C'est tout à fait juste. »

Il se retourne et se prépare à rentrer dans l'hôtellerie par la grande porte. L'homme s'est moqué[20] de d'Artagnan et celui-ci ne veut pas le laisser s'en aller. Il tire son épée et court après lui. Il crie : « Tournez, tournez donc, monsieur le rieur, ou je vais vous frapper par derrière.

---

16 Sortir l'épée du fourreau : sortir l'épée du genre de sac allongé que les nobles portaient à la taille et dans lequel ils rangeaient leur épée.
17 Faire semblant : essayer de faire croire quelque chose de faux.
18 Un bouton d'or : une petite fleur jaune qui pousse dans les prairies de France.
19 Tenir à : vouloir vraiment faire cette chose.
20 Se moquer de quelqu'un : rire de lui.

— Me frapper, moi ! » dit l'autre, et il regarde le jeune homme bien dans les yeux.

« Allons, allons donc, mon cher, vous êtes fou ! »

Puis, à mi-voix[21], il se parle ainsi à lui-même :

« Quel malheur ! Notre bon roi cherche des hommes pour en faire des mousquetaires et il n'en trouve jamais assez. »

Il n'a pas fini de parler que d'Artagnan lui donne un coup rapide de la pointe de son épée. Pour ne pas être tué, l'homme fait un saut en arrière. Alors, il tire aussi son épée, salue[22] et se met en garde[23]. Mais, au même moment, ses deux amis et l'hôtelier[24] prennent des bâtons et des pelles[25] et se jettent sur d'Artagnan. Celui-ci se retourne pour se défendre et l'inconnu donne un ordre :

« Remettez-le sur son cheval jaune et faites-le partir.

— Pas avant de t'avoir tué ! », crie d'Artagnan.

En même temps, il se défend le mieux qu'il peut et ne recule pas devant ses trois ennemis[26].

« Ces Gascons sont terribles ! dit le gentilhomme. Continuez à frapper. Quand il sera fatigué, il le dira. »

Mais l'inconnu ne sait pas encore à qui il a affaire[27].

D'Artagnan n'est pas homme à reculer.

Enfin, un coup de bâton casse son épée en deux. Un autre coup le touche au front et il tombe.

C'est à ce moment que de tous côtés des gens arrivent en courant. L'hôtelier prend peur, et, avec l'aide de ses serviteurs, emporte le blessé dans la cuisine. On lui donne quelques soins.

---

21 À mi-voix : à voix basse.

22 Saluer : avant de se battre, les nobles se saluent.

23 Se mettre en garde : placer l'épée devant soi pour se préparer à se battre.

24 L'hôtelier : le patron de l'hôtellerie.

25 Une pelle : un objet qui sert à faire des trous dans le sol.

26 Un ennemi : quelqu'un qui se bat contre quelqu'un d'autre et qui lui veut du mal.

27 Il ne sait pas à qui il a affaire : il ne sait pas quel genre d'homme est en face de lui.

CHAPITRE 2

LA LETTRE POUR MONSIEUR DE TRÉVILLE ET MILADY

Le gentilhomme revient prendre sa place à la fenêtre. Il regarde sans plaisir tous ces gens. La porte s'ouvre derrière lui. C'est l'hôtelier qui vient lui demander des nouvelles de sa santé. Il se retourne et demande : « Comment va ce fou ?

— Il va mieux, dit l'hôtelier, mais avant de s'endormir, il a encore eu la force de vous appeler et de vous insulter.

— A-t-il nommé[1] quelqu'un dans sa colère ?

— Oui, il a frappé sur sa poche, et il a dit : « Nous verrons ce que M. de Tréville dira de cette insulte. »

— M. de Tréville ? dit l'inconnu… Il a frappé sur sa poche et il a parlé de M. de Tréville ?… Voyons, mon bon ami, votre jeune homme est endormi, et vous avez, j'en suis sûr, regardé dans cette poche-là. Qu'y avait-il ?

— Une lettre pour M. de Tréville, chef des mousquetaires du roi.

— Vraiment !

— Je vous le dis. »

L'hôte[2] ne remarque pas le regard de l'inconnu. Celui-ci se lève, quitte la fenêtre, reste quelques minutes sans parler, puis dit :

« Voyons, il faut en finir avec ce fou. Où est-il ?

— Dans la chambre de ma femme au premier étage. On est en train de le soigner.

---

1 Nommer : dire le nom.
2 L'hôte : ici, l'hôtelier.

— Son sac et ses habits sont-ils avec lui ? N'a-t-il pas enlevé sa veste ?

—Tout cela est en bas dans la cuisine. Mais si ce jeune homme vous gêne[3]…

— Sans doute[4]. Des gens sérieux ne peuvent pas rester dans la même hôtellerie qu'un fou. Montez chez vous. Faites mon compte[5] et appelez mes serviteurs. A-t-on fait ce que j'ai demandé ?

— Oui, seigneur, et vous avez pu voir que votre cheval est sous la grande porte, tout prêt à partir.

— C'est bien, faites ce que je vous ai dit alors.

—Tiens !, se dit l'hôtelier, aurait-il peur de ce petit garçon ? » Mais, un coup d'œil[6] de l'inconnu l'empêche de sourire. Il salue et sort.

« Il ne faut pas que ce jeune homme rencontre Milady, continue l'étranger : elle devrait être déjà arrivée. Mieux vaut monter à cheval et aller à elle… Si seulement je pouvais savoir ce qu'il y a dans cette lettre adressée à Tréville ! »

Et l'inconnu, tout en parlant, marche vers la cuisine.

Pendant ce temps, l'hôtelier comprend que l'arrivée du jeune homme chasse[7] l'inconnu de son hôtel. Il remonte chez sa femme et trouve d'Artagnan, qui s'est levé. Il lui fait croire que la police va l'arrêter[8] : car on n'attaque pas sans danger un grand seigneur. Il le pousse à[9] continuer son chemin. D'Artagnan est à moitié aveugle[10]. Il n'a pas de veste et sa tête est couverte de linges[11]. Il descend l'escalier sans bien comprendre ce qu'il fait. Il arrive à

---

3 Gêner : déranger.

4 Sans doute : ici, oui, sûrement.

5 Faites mon compte : dites-moi combien je dois vous payer.

6 Un coup d'œil : un regard rapide mais qui veut dire beaucoup de choses.

7 Chasser : ici, faire partir.

8 Arrêter quelqu'un : le mettre en prison.

9 Il le pousse à : il lui fait sentir qu'il doit faire quelque chose.

10 Aveugle : qui ne peut pas voir.

11 Du linge : du tissu.

la cuisine, et, dans la cour, il voit son ennemi, devant une lourde voiture.

La tête d'une femme de vingt à vingt-deux ans se montre à la portière[12]. D'Artagnan voit que cette femme est jeune et belle. Elle n'a pas la beauté d'une femme du sud. Elle est blonde. Ses longs cheveux tombent sur ses épaules. Ses yeux sont grands, bleus et très doux. Ses lèvres sont roses et ses mains fines. Elle parle très vite avec l'inconnu.

« Ainsi, le cardinal me donne l'ordre…, dit-elle.

– De retourner tout de suite en Angleterre, et de le prévenir[13] si notre ami quitte Londres.

– Et que dois-je faire d'autre ?, demande la belle voyageuse.

---

12 La portière : la porte de la voiture.
13 Prévenir : dire à quelqu'un une chose avant qu'elle n'arrive.

— On vous l'écrit. Prenez cette boîte. Vous l'ouvrirez de l'autre côté de la mer.

— Très bien ; et vous, que faites-vous ?

— Moi, je retourne à Paris. »

D'Artagnan a tout entendu, il s'avance et crie :

« C'est le petit garçon qui punit les autres, et cette fois-ci, celui qu'il doit punir ne se sauvera pas.

— Ne se sauvera pas ?, reprend l'inconnu.

— Non, devant une femme, vous n'oseriez pas vous cacher derrière d'autres, je pense. »

L'inconnu met la main à son épée.

« Ne faites pas cela, crie Milady. Un retard peut tout perdre.

— Vous avez raison, répond l'homme ; partez donc. Moi, je pars de mon côté. »

Il salue la dame de la tête, et saute sur son cheval. La grosse voiture part d'un côté de la rue. Le seigneur court de l'autre côté.

« Paie ! », crie le voyageur à son serviteur. Celui-ci jette deux ou trois pièces d'argent aux pieds de l'hôtelier, saute à cheval et suit son maître.

« Ah ! Misérable[14] ! Ah ! Faux gentilhomme ! », crie d'Artagnan et, à son tour, il court derrière le serviteur.

Mais, blessé, il est trop faible encore. Au bout de dix pas, il ne voit plus et il tombe au milieu de la rue :

« Misérable ! Misérable ! », crie-t-il encore en se relevant.

Et il tombe une deuxième fois.

« Deux sont partis !, dit l'hôtelier en riant, mais il me reste celui-là. Je suis sûr de le garder au moins quelques jours. Et c'est toujours onze pièces d'or que je gagnerai. »

Onze pièces d'or, c'est tout ce qui reste à d'Artagnan et tout ce que l'hôtelier a vu dans sa poche.

---

14 Misérable : méchant homme.

L'ARRIVÉE DE D'ARTAGNAN À PARIS

L'hôtelier compte onze jours de maladie[15] à une pièce d'or par jour ; mais le lendemain, à cinq heures du matin, d'Artagnan est debout. Il descend lui-même à la cuisine, se fait donner du vin, de l'huile et plusieurs autres produits[16], puis prépare le médicament de sa mère. Il en met sur ses nombreuses blessures et ne veut pas voir de médecin. Il est debout le soir même et guéri le lendemain.

Il demande à payer sa chambre, l'huile, le vin et le reste. « Le cheval jaune a mangé trois fois plus qu'un autre cheval », dit l'hôtelier. D'Artagnan ne fait pas attention à ce qu'on lui dit. Il trouve ses onze pièces d'or ; mais la lettre, adressée à M. de Tréville, n'est plus là.

Le jeune homme cherche cette lettre. Il tourne et retourne vingt fois ses poches, ouvre et referme son sac. Enfin il comprend qu'il a été volé. Il entre alors dans une colère terrible. Ses blessures manquent de se rouvrir[17]. Il veut tout casser dans la maison.

« La lettre ! crie-t-il. Ma lettre ! Donnez-la-moi ou je vous tue tous ! »

Il oublie qu'il n'a plus d'épée. Mais l'hôtelier le sait, il sourit et demande tranquillement :

« Où peut bien être cette lettre ?

– Oui, où est cette lettre ?, crie d'Artagnan. D'abord, je vous préviens, cette lettre est pour M. de Tréville, et il faut que vous la retrouviez. Si vous ne la retrouvez pas, il saura bien la retrouver, lui. »

---

15 L'hôtelier… maladie : l'hôtelier pense que d'Artagnan sera malade pendant onze jours et qu'il lui fera payer une pièce d'or par jour.
16 Des produits : ici, des choses qui vont lui servir à faire le médicament.
17 Elles manquent se rouvrir : elles vont presque s'ouvrir à nouveau.

Alors, l'hôtelier comprend.

« Cette lettre n'est pas perdue, dit-il. Non, elle a été prise.

— Prise ? Et par qui ?

— Par le gentilhomme d'hier. Il est descendu à la cuisine où était votre veste, il est resté seul et il a dû la voler.

— Vous dites donc, reprend d'Artagnan, que c'est ce gentilhomme qui l'a prise ?

— Je vous dis que j'en suis sûr. Quand je lui ai dit que vous aviez une lettre pour M. de Tréville, il m'a demandé où était cette lettre et il est descendu tout de suite à la cuisine. Il savait que votre veste y était.

— Alors, c'est mon voleur, répond d'Artagnan ; je m'en

plaindrai[18] à M. de Tréville, et M. de Tréville s'en plaindra au roi. »

Puis il tire deux pièces d'or de sa poche et les donne à l'hôtelier. Celui-ci, le chapeau à la main, le suit jusqu'à la porte.

D'Artagnan remonte sur son cheval jaune et, bientôt, il arrive à la porte Saint-Antoine à Paris. Là, il vend le cheval trois pièces d'or, ce qui est bien payé, car la pauvre bête est très fatiguée.

Le jeune homme entre alors dans Paris à pied. Il porte ses quelques vêtements dans un petit paquet sous le bras. Il marche jusqu'à ce qu'il trouve une chambre très bon marché[19], sous un toit, rue des Fossoyeurs, près du Luxembourg. Il y pose ses affaires et passe le reste de la journée à coudre[20] ses habits déchirés[21] ; puis il va quai de la Ferraille faire remettre une lame à son épée ; enfin il revient au Louvre. Là, il demande au premier mousquetaire qu'il rencontre où se trouve l'hôtel de M. de Tréville. Il apprend que cet hôtel est rue du Vieux-Colombier, près de la chambre qu'il a louée. Il en est tout heureux.

---

18 Plaindre : dire à quelqu'un qu'on n'est pas content.
19 Bon marché : pas cher du tout.
20 Coudre : arranger avec du fil et une aiguille.
21 Déchirés : en morceaux.

CHAPITRE 3

EN ATTENDANT MONSIEUR DE TRÉVILLE

M. de Tréville a commencé comme d'Artagnan, c'est-à-dire sans argent ; mais il avait du courage, de l'esprit[1] et de l'intelligence. De plus, il avait de la chance, et il était arrivé très vite à une place importante près du roi.

Les mousquetaires du roi, ou plutôt ceux de M. de Tréville, sont mal habillés. Ils boivent trop. Ils sont souvent blessés. Ils passent leurs journées dans les maisons de jeu[2], crient fort, ont les cheveux en travers du front, font sonner leurs épées[3] et se battent avec les gardes de M. le cardinal quand ils les rencontrent. Quelquefois, ils sont tués, mais alors ils sont sûrs d'être pleurés. Ils tuent souvent mais alors ils sont sûrs de ne pas rester longtemps enfermés. M. de Tréville n'est-il pas là pour les défendre ? Aussi M. de Tréville est aimé de ses hommes comme un dieu[4], et ils sont toujours prêts à se faire tuer pour lui plaire.

Dans la cour de son hôtel, rue du Vieux-Colombier, de six heures du matin à huit heures du soir, on compte toujours cinquante à soixante mousquetaires. Ils sont armés et prêts à tout. À l'entrée, sur de longs bancs, ceux que le maître attend se reposent. Dans cette salle, du matin au soir, leurs voix roulent d'un mur à l'autre comme le tonnerre.

---

1 Avoir de l'esprit : savoir faire rire de façon intelligente.
2 Une maison de jeu : un endroit où on joue aux cartes et à d'autres jeux pour de l'argent.
3 Font sonner leurs épées : montrent qu'ils sont toujours prêts à se battre avec leurs épées.
4 Il est aimé comme un dieu : il est très aimé.

Le jour où d'Artagnan se présente[5], ils sont plus nombreux encore que d'habitude. Les uns parlent, d'autres discutent ou jouent.

C'est au milieu d'un bruit terrible que le jeune homme avance. Son cœur bat. Il range sa longue épée le long de ses jambes maigres, et il tient son chapeau d'une main avec un sourire maladroit. Chaque fois qu'il passe un groupe, il respire plus librement. Il sent qu'on se retourne pour le regarder, et, pour la première fois de sa vie, il n'est pas sûr de lui[6].

Il arrive en haut de l'escalier. Là il est arrêté. Quatre mousquetaires passent le temps en se battant. L'un d'eux, l'épée à la main, empêche[7] ou du moins essaie d'empêcher les trois autres de monter. Ceux-ci avancent et reculent avec une rapidité folle[8].

---

5 Se présenter : arriver et se faire connaître.
6 Il n'est pas sûr de lui : il ne sait pas ce qu'il doit faire.
7 Empêcher : interdire.
8 Avec une rapidité folle : très vite.

D'Artagnan croit d'abord qu'ils tiennent de fausses épées ; mais il s'aperçoit[9] bientôt que ces armes sont bien pointues et bien coupantes, et qu'elles font de jolies petites blessures. Tout le monde rit chaque fois que le sang coule.Le plus adroit peut-être est celui qui se trouve en haut de l'escalier.

Dix à douze mousquetaires entourent les quatre hommes. Ce sont les tours d'entrée chez M. de Tréville qu'ils jouent. Un homme touché passera après ses amis. En cinq minutes, trois sont blessés, l'un au bras, l'autre au cou, le troisième à l'oreille.

Notre jeune voyageur est très étonné et oublie d'avancer. Mais c'est la première fois qu'on le voit en ce lieu et on vient lui demander ce qu'il veut. Il se nomme, dit qu'il est du même pays que M. de Tréville et demande à le voir. Le serviteur lui dit d'attendre.

D'Artagnan regarde de nouveau autour de lui. Un mousquetaire, très grand et très fort, se trouve au milieu d'un groupe. Ses vêtements le font remarquer. Sa veste est bleu ciel. Elle est assez usée. Mais, sur cette veste est passé un baudrier[10] très beau, tout cousu de fils d'or. Il jette des éclairs[11]. Un manteau rouge couvre les épaules de l'homme, laissant voir seulement le baudrier sur la veste. L'épée la plus longue que d'Artagnan ait jamais vue, pend au baudrier.

Ce mousquetaire vient de descendre de garde[12] au moment même. Il tousse de temps en temps avec bruit et se plaint d'avoir pris froid[13]. C'est pourquoi, explique-t-il, il a mis un manteau. Ceux qui l'entourent sont nombreux. Ils regardent le baudrier.

« Que voulez-vous, dit-il, c'est une folie[14], je le sais bien. Mon père…

---

9 S'apercevoir : ici, voir et comprendre.
10 Un baudrier : bande de cuir ou d'étoffe qui se porte en bandoulière et qui soutient une arme.
11 Un éclair : une lumière trop forte.
12 Il descend de garde : il vient de finir son travail de garde.
13 Prendre froid : tomber malade parce qu'on a eu froid.
14 Une folie : ici, une chose beaucoup trop chère qu'on achète pour se faire plaisir.

— Ah ! Porthos !, s'écrie quelqu'un, n'essaie pas de nous faire croire que ton père t'a donné ce baudrier.

— Vous avez raison. Je l'ai acheté moi-même et avec mon argent », répond Porthos. Il se tourne alors vers un autre mousquetaire et dit : « N'est-ce pas, Aramis ? »

Cet Aramis est tout le contraire de Porthos. C'est un jeune homme mince et fin de vingt-deux à vingt-trois ans. Ses yeux sont noirs et doux. Ses joues sont roses comme celles d'une jeune fille. Il répond par un signe[15] de tête à son ami.

À ce moment, un autre mousquetaire demande à haute voix :

« Que pensez-vous de ce qu'on raconte ?

— Et que raconte-t-on ?, demande Porthos.

— On raconte qu'on a vu Rochefort, l'ami du cardinal, à Bruxelles ; ce Rochefort…

— Mais la chose est-elle sûre ?, coupe Porthos.

— C'est Aramis qui me l'a dite, répond le mousquetaire.

— Vraiment ?

— Eh ! vous le savez bien, Porthos, dit Aramis, je vous l'ai racontée à vous-même hier. N'en parlons donc plus.

— N'en parlons plus ! voilà qui est vite dit[16], reprend Porthos. N'en parlons plus ! Comment ? Le cardinal fait suivre un gentilhomme, lui fait voler des lettres, fait tuer un de ses amis… Vous nous apprenez hier cette nouvelle étonnante et vous venez dire aujourd'hui : n'en parlons plus.

— Parlons-en donc, si vous voulez », répond Aramis.

À ce moment, on entend :

« M. de Tréville attend M. d'Artagnan. »

C'est un serviteur qui a parlé en ouvrant la porte du bureau, et au milieu d'un grand silence, le jeune Gascon traverse la salle.

---

15 Un signe : un geste qui veut dire quelque chose.
16 Cela est vite dit : pour dire qu'on n'est pas d'accord avec ce qu'une personne vient de dire.

MONSIEUR DE TRÉVILLE ET
SES MOUSQUETAIRES

D'Artagnan salue jusqu'à terre[17]. M. de Tréville, lui, salue poliment le jeune homme et il sourit en l'entendant parler d'une voix chantante[18]. Il pense :

« En voilà un qui est bien de mon pays. »

Mais il n'a pas l'air content et ne laisse pas d'Artagnan continuer. Il lui demande d'attendre, puis il va à la porte, l'ouvre et appelle trois fois :

« Athos ! Porthos ! Aramis ! »

Porthos et Aramis, que nous connaissons déjà, quittent aussitôt leurs camarades et entrent chez M. de Tréville. Ils n'ont pas l'air tout à fait tranquille, mais ils saluent leur chef avec simplicité.

La porte se ferme derrière eux. Dans la cour, le bruit reprend.

M. de Tréville ne parle pas tout de suite. Il marche de long en large, d'un bout à l'autre de son bureau, passant chaque fois devant Porthos et Aramis, muets[19] et immobiles. Tout à coup, il s'arrête en face d'eux, les regarde de la tête aux pieds avec colère et il dit : « Savez-vous ce que m'a dit le roi, et cela hier au soir ? Le savez-vous, messieurs ?

— Non, répondent les deux mousquetaires après un moment de silence ; non, monsieur, nous ne le savons pas.

— Mais j'espère que vous nous le direz, ajoute Aramis de la façon la plus polie.

— Il m'a dit qu'à partir d'aujourd'hui il prendra ses mousquetaires chez les gardes de M. le cardinal.

---

17 Saluer jusqu'à terre : autrefois, quand on saluait quelqu'un d'important, on se penchait en avant.

18 Une voix chantante : les gens du sud de la France, surtout ceux de Gascogne, parlent en faisant chanter les « o », les « a », les « an » et les « in ».

19 Muet : qui ne parle pas.

– Chez les gardes de M. le cardinal ! et pourquoi cela ?, demande Porthos.

– Parce qu'il voit bien qu'il faut ajouter du bon vin au mauvais[20]. »

Les deux mousquetaires rougissent jusqu'au blanc des yeux[21]. D'Artagnan voudrait être à trente mètres sous terre.

« Oui, oui, continue plus fort M. de Tréville, Sa Majesté a raison. C'est malheureux à dire. Les mousquetaires font rire. M. le cardinal a parlé hier, avec un air qui ne m'a pas plu. Il a dit que mes mousquetaires, ces terribles mousquetaires !, étaient restés tard dans un hôtel et que ses gardes avaient dû les arrêter. La façon de dire « terrible » était une insulte. Il me regardait avec son œil de chat. J'ai cru qu'il allait me rire au nez[22]. Malheur ! Vous devez savoir quelque chose ! Arrêter mes mousquetaires ! Vous étiez là, vous autres. Ne vous défendez pas. On vous a reconnus et le cardinal vous a nommés. Voilà bien ma faute, oui, ma faute, car c'est moi qui choisis mes hommes. Voyons, vous, Aramis, pourquoi ne portez-vous pas la robe des religieux[23] ? Elle vous irait si bien ! Et vous, Porthos, avez-vous un si beau baudrier pour y accrocher seulement une épée de paille ? Et Athos ! Je ne vois pas Athos. Où est-il ?

– Monsieur, répond tristement Aramis, il est malade, très malade.

– Malade, très malade, dites-vous ? Et de quelle maladie ?

– On a peur que ce soit très sérieux[24], monsieur, répond Porthos, voulant dire quelque chose à son tour.

---

20 Il faut ajouter du bon vin au mauvais : c'est une image qui veut dire : vous êtes de mauvais mousquetaires, il faut donc que vous soyez mélangés à ceux qui sont mieux que vous.

21 Rougir jusqu'au blanc des yeux : devenir très très rouge.

22 Rire au nez de quelqu'un : rire de lui, devant lui.

23 Porter la robe des religieux : image pour dire « devenir religieux ».

24 Sérieux : ici, grave.

– Très sérieux ! Qu'est-ce que vous voulez dire par là, Porthos ! Malade à son âge ? Non pas !... mais blessé sans doute, tué peut-être. Ah ! Si je le savais !... Sangdieu[25] ! Messieurs les mousquetaires, je vous défends de passer la nuit dans les mauvais lieux, de jouer de l'épée au coin des rues. Je ne veux pas que les gardes de M. le cardinal rient de vous. Eux sont de bonnes gens, tranquilles, adroits. Ils ne se font jamais arrêter. Eux, ils aimeraient mieux mourir que de faire un pas en arrière. Se sauver, courir, c'est bon pour les mousquetaires du roi, cela ! »

Porthos et Aramis sont blancs de colère. Ils tueraient M. de Tréville, s'ils ne sentaient pas le grand amour qu'il a pour eux. Ils frappent le sol du pied, se mordent les lèvres jusqu'au sang et serrent leur épée de toutes leurs forces.

Au-dehors, on a entendu appeler – nous l'avons dit – Athos, Porthos et Aramis, et l'on a compris à sa voix la colère de M. de Tréville. Dix têtes curieuses[26] écoutent à la porte. Tout ce qui se dit est entendu et les bouches répètent les paroles insultantes. En un moment, tout l'hôtel est silencieux ; et l'on entend de nouveau M. de Tréville. Chaque parole est un coup d'épée :

« Ah ! Les mousquetaires du roi se font arrêter par les gardes de M. le cardinal. Ah ! Six gardes de M. le cardinal arrêtent six mousquetaires du roi ! Sangdieu ! Je suis décidé[27]. Je vais au Louvre. Je vous laisse. Qui voudra sera votre chef. Je vais entrer chez les gardes du cardinal, et s'il me refuse, bon dieu ! Je me fais religieux. »

---

25 Sangdieu : cri qui montre qu'on est très fâché.
26 Curieux : qui veut savoir ce qui se passe.
27 Je suis décidé : je vais le faire, on ne pourra pas me faire changer d'idée.

Alors, des cris se font entendre dans la cour. Des pieds frappent le sol ; des poings frappent les murs et les portes. D'Artagnan cherche un coin où se cacher.

« Eh bien !, dit Porthos, nous étions six contre six, mais nous n'avons pas eu le temps de tirer nos épées. Quand nous avons pu le faire, deux d'entre nous étaient déjà tombés. Ils étaient morts et Athos, blessé, ne valait pas mieux[28]. Vous le connaissez, Athos ; eh bien ! Il a essayé de se relever deux fois, et il est retombé deux fois. D'autres gardes sont arrivés. Ils nous ont emmenés de force. En chemin, nous nous sommes sauvés… Athos ? On l'a laissé bien tranquillement sur le terrain. On a cru qu'il ne valait pas la peine[29] d'être emporté, qu'il était mort. Voilà l'histoire. Que voulez-vous, on ne gagne pas toutes les batailles.

— Je ne savais pas cela, reprend M. de Tréville, plus tranquillement. M. le cardinal n'a donc pas tout dit.

— Monsieur, dit alors Aramis, la blessure d'Athos est très sérieuse. L'épée a traversé l'épaule et elle est entrée dans la poitrine, j'ai peur… »

Au même moment, la porte s'ouvre et une tête noble et belle, mais terriblement blanche, paraît.

« Athos !, s'écrient les deux mousquetaires.

— Athos !, répète M. de Tréville lui-même.

- Vous m'avez demandé, monsieur, dit Athos à M. de Tréville, d'une voix faible mais tranquille, vous m'avez demandé et je viens : voilà, monsieur, que voulez-vous ? »

En disant ces mots, le mousquetaire entre dans la salle. M. de Tréville est touché[30] de tant de courage. Il court à lui.

---

28 Athos ne valait pas mieux : ici, il était si gravement blessé que c'était comme s'il était mort.
29 Il ne vaut pas la peine : ça ne sert à rien de se fatiguer pour lui.
30 Être touché : être ému.

« J'étais en train de dire à ces messieurs, ajoute-t-il, que je défends à mes mousquetaires de se faire tuer sans raison[31]. Les braves gens sont trop chers au cœur du roi[32], et le roi sait que ses mousquetaires sont les plus braves gens de la terre. Donnez-moi votre main, Athos. »

M. de Tréville n'attend pas que le nouveau venu réponde. Il prend sa main et la serre de toutes ses forces.

Tout le monde savait qu'Athos était blessé et après son entrée la porte était restée ouverte. Aussi, un long cri salue les dernières paroles de M. de Tréville et deux ou trois têtes paraissent à la porte.

---

31 Sans raison : pour rien.
32 Ils sont chers au cœur du roi : le roi les aime beaucoup.

M. de Tréville va les renvoyer quand tout à coup il sent la main d'Athos faiblir. Le mousquetaire tombe sur le sol. Il semble mort.

« Un docteur !, crie M. de Tréville. Mon docteur, celui du roi, le meilleur ! Un docteur ou, Sangdieu ! Mon brave Athos va mourir. »

Les mousquetaires entendent les cris de M. de Tréville. Tous entrent dans le bureau. Ils oublient de fermer la porte et entourent le blessé. Heureusement, le docteur demandé se trouve dans l'hôtel même ! Il fait porter Athos dans la pièce voisine.

M. de Tréville et lui restent seuls auprès du blessé.

Enfin M. de Tréville revient. Il dit qu'Athos va mieux, puis il demande à tout le monde de sortir. Seul d'Artagnan reste.

CHAPITRE 4

MONSIEUR DE TRÉVILLE ET D'ARTAGNAN

La porte s'est refermée et M. de Tréville se trouve seul avec d'Artagnan. Il ne se rappelle plus qui est ce jeune homme. Il le lui demande. D'Artagnan répond. M. de Tréville écoute.

« Pardon, dit-il en souriant, pardon, mon cher enfant, mais je vous avais tout à fait oublié. Que voulez-vous ! Un chef est un père de famille. Les soldats sont de grands enfants ; et les ordres du roi, et surtout ceux de M. le cardinal, doivent être suivis. »

D'Artagnan ne peut s'empêcher de sourire. À ce sourire, M. de Tréville comprend qu'il a un garçon intelligent en face de lui et il lui demande tout de suite ce qu'il veut.

« J'ai beaucoup aimé Monsieur votre père, dit-il. Que puis-je faire pour le fils ? Dépêchez-vous ; j'ai peu de temps.

— Monsieur, dit d'Artagnan, j'ai quitté Tarbes et je suis venu ici pour vous demander d'entrer chez vos mousquetaires ; mais, après tout ce que je vois depuis deux heures, je comprends combien ce sera difficile et j'ai peur d'être refusé.

— Devenir mousquetaire n'est pas une chose facile, jeune homme, vous avez raison, répond M. de Tréville. Mais cela n'est peut-être pas aussi difficile que vous le croyez ou que vous avez l'air de le croire. Il vous faut d'abord vous battre noblement pendant deux ans au moins avec des gens moins connus que nous. »

D'Artagnan salue sans répondre. La difficulté d'être mousquetaire lui donne encore plus envie de le devenir.

M. de Tréville veut lire jusqu'au fond de son cœur, il le regarde droit dans les yeux, et continue ainsi :

« Votre père est mon ancien camarade. Je vous l'ai dit. Et je veux faire quelque chose pour vous, jeune homme. Vous devez avoir besoin aussi d'apprendre encore. J'écrirai aujourd'hui même une lettre au directeur de l'École royale[1]. Vous n'aurez rien à payer. Ne refusez pas. Bien des gentilshommes voudraient pouvoir y entrer. Vous apprendrez à danser et à très bien monter à cheval. Vous vous ferez des amis, et, de temps en temps, vous viendrez me voir. Vous me direz ce que vous devenez et si je puis faire quelque chose pour vous. »

D'Artagnan ne connaît pas les habitudes de Paris. Mais il comprend la froideur[2] du chef des mousquetaires.

« Monsieur, dit-il, je vois combien la lettre de mon père me manque[3] aujourd'hui !

– C'est vrai, répond M. de Tréville. Je m'étonne que vous ayez fait un si long voyage sans une lettre pareille.

– Je l'avais, monsieur, et, Dieu merci, c'était une bonne et noble lettre, mais on me l'a volée. »

Il raconte toute l'histoire de Meung et parle du gentilhomme inconnu d'une façon qui plaît à M. de Tréville.

« Voilà qui est curieux[4], dit ce dernier ; vous aviez donc parlé de moi tout haut ?

– Oui, monsieur, sans doute ; votre nom était ma seule arme en voyage. »

M. de Tréville ne peut s'empêcher de sourire ; mais ce sourire s'efface[5] bientôt, et il revient de lui-même à l'homme de Meung :

« Dites-moi, ce gentilhomme n'avait-il pas une ancienne blessure à la joue ?

---

1 L'École royale : école du roi. Seuls les jeunes nobles peuvent y entrer. Ils y apprennent tout ce qu'un noble doit savoir.
2 Froideur : quand quelqu'un parle à quelqu'un d'autre comme à un étranger, pas comme à un ami, il lui parle avec froideur.
3 Elle me manque : je suis triste de ne pas l'avoir.
4 Curieux : ici, bizarre.
5 S'efface : ici, s'en va.

— Oui, comme celle d'une balle[6].

— N'était-ce pas un homme grand et beau ?

— Oui.

— Blanc de visage et noir de poil ?

— Oui, oui, c'est cela. Comment connaissez-vous cet homme ? Ah ! Si jamais je le retrouve, et je le retrouverai, j'en suis sûr !…

— Il attendait une femme ?, continue Tréville.

— Il est parti après avoir parlé un moment avec celle qu'il attendait.

— N'avez-vous pas entendu ce qu'ils disaient ?

— Il lui a remis[7] une boîte, lui a dit que les ordres[8] étaient à l'intérieur, et il lui a demandé de l'ouvrir seulement à Londres.

— Cette femme était anglaise ?

— Il l'appelait Milady.

« C'est lui ! pense Tréville, c'est lui ! Je le croyais encore à Bruxelles. »

— Oh ! Monsieur, si vous savez qui est cet homme, s'écrie d'Artagnan, dites-le moi. Je le tuerai.

— Gardez-vous bien de vous battre contre lui, jeune homme, répond M. de Tréville. Si vous le voyez venir d'un côté de la rue, passez de l'autre. C'est lui qui vous tuerait. C'est une des meilleures épées du pays[9].

— Cela n'empêche pas, dit d'Artagnan, que si je le retrouve…

— En attendant, répond Tréville, ne le cherchez pas, si j'ai un conseil à vous donner. »

---

6 Balle : objet en métal que lance un fusil ou un pistolet. Il peut tuer ou blesser.

7 Remettre : donner.

8 Les ordres : ce qu'on nous demande de faire.

9 C'est une des meilleures épées du pays : c'est une des personnes qui se bat le mieux à l'épée.

L'homme de Meung

Tout à coup, Tréville s'arrête. Il se demande si le jeune homme ne ment[10] pas. A-t-il vraiment perdu une lettre ? N'est-il pas envoyé par le cardinal ? N'est-il pas chargé[11] d'entrer dans sa maison et de le perdre[12] plus tard ? Cela s'est fait mille fois. Il regarde d'Artagnan avec plus d'attention encore et il n'est pas tranquillisé par ce visage intelligent et fin.

« Mon ami, dit-il alors lentement, je veux expliquer les difficultés du moment au fils de mon ancien ami. Le roi et le cardinal sont les meilleurs amis. Tout ce qu'on dit sur eux est faux. Si vous voulez du mal au cardinal, partez, quittons-nous. Je vous aiderai, mais de loin. Vous resterez mon ami. »

Tréville pense : « Si le cardinal m'envoie ce jeune homme, il l'a prévenu que le moyen le meilleur de se mettre bien avec moi[13] est de dire du mal de lui. Ce d'Artagnan va donc me dire qu'il n'aime pas le cardinal. »

Mais, bien au contraire, d'Artagnan répond avec la plus grande simplicité :

« Monsieur, j'arrive à Paris, ainsi que mon père me l'a dit, pour servir le roi, M. le cardinal et vous. Il pense que vous êtes les trois chefs de la France. »

D'Artagnan a ajouté le nom de M. de Tréville aux deux autres. Cela ne peut pas faire de mal. Et M. de Tréville sourit de nouveau. Mais il doute[14] encore.

« Vous êtes un bon garçon, dit-il. Mais je peux faire pour vous seulement ce que je vous ai offert tout à l'heure… N'oubliez pas

---

10 Mentir : dire des choses fausses.
11 Il est chargé de faire quelque chose : on lui a demandé de le faire.
12 Perdre : ici, faire ce qu'il faut pour que le roi ne croie plus M. de Tréville et lui demande de s'en aller.
13 Se mettre bien avec quelqu'un : devenir son ami.
14 Douter : se demander si c'est vrai ou faux.

que ma maison vous sera toujours ouverte. Vous pourrez toujours demander à me voir. Je vous recevrai, vous écouterai et vous aurez sans doute un jour ce que vous voulez.

— Cela veut dire, monsieur, reprend d'Artagnan, que vous attendrez que j'aie bien servi le roi. Eh bien ! Soyez tranquille, ajoute-t-il, vous n'attendrez pas longtemps. »

Et il salue pour se retirer[15].

M. de Tréville l'arrête et dit : « Attendez donc. Je vous ai promis[16] une lettre pour le directeur de l'École royale. N'en voulez-vous pas, jeune homme ?

— Si, monsieur, répond d'Artagnan, et soyez sûr que je ne la perdrai pas. Je la garderai bien. Elle arrivera à son adresse. Malheur à[17] celui qui essaierait de me l'enlever ! »

M. de Tréville sourit, laisse le jeune homme à la fenêtre où ils parlaient et va s'asseoir à une table. Il se met à écrire la lettre promise.

D'Artagnan n'a rien de mieux à faire qu'à regarder dans la cour. Il voit les mousquetaires s'en aller les uns après les autres. Il les suit du regard jusqu'à ce qu'ils aient tourné le coin de la rue.

M. de Tréville finit d'écrire. Il se lève et va vers le jeune homme pour lui donner la lettre. D'Artagnan tend la main pour la prendre. Mais, tout à coup, M. de Tréville le voit rougir de colère et courir en criant :

« Ah ! Sangdieu ! Il ne se sauvera pas cette fois.

— Et qui cela ?, demande M. de Tréville.

— Lui, mon voleur !, répond d'Artagnan. Ah ! Misérable ! »

Et il s'en va.

« Quel fou !, pense M. de Tréville… Mais c'est peut-être une façon adroite[18] de me quitter. »

---

15 Se retirer : c'est une façon polie de dire : sortir, partir.
16 Promettre : façon de dire à l'autre qu'on fera vraiment ce qu'on lui a dit.
17 Malheur à lui : il lui arrivera des choses mauvaises.
18 Adroite : ici, intelligente et rusée.

CHAPITRE 5

L'ÉPAULE D'ATHOS
ET LE BAUDRIER DE PORTHOS

D'Artagnan traverse la salle d'entrée en trois sauts et court vers l'escalier. Mais, à ce moment, un mousquetaire sort par une petite porte et d'Artagnan se jette contre lui. Le mousquetaire pousse un cri.

« Excusez-moi, dit d'Artagnan, excusez-moi, mais je suis pressé. »

Et il repart. Au moment où il arrive à l'escalier, une main de fer[1] lui prend l'épaule.

« Vous êtes pressé !, lui dit le mousquetaire blanc comme neige. Vous frappez un blessé et vous dites : « Excusez-moi », et vous croyez que c'est assez. Pas tout à fait, jeune homme. Vous avez entendu M. de Tréville nous parler un peu vite aujourd'hui, et vous croyez peut-être qu'il n'y a plus besoin de se gêner avec nous. Vous n'êtes pas M. de Tréville, vous. »

D'Artagnan reconnaît Athos, qui, soigné, retourne à son appartement.

« Vraiment, je n'ai pas voulu vous toucher, dit-il. Et, ne l'ayant pas voulu, j'ai dit : « Excusez-moi ». Il me semble[2] donc que c'est assez ; mais je m'excuse de nouveau et, cette fois, c'est trop peut-être. Cela fait, je vous le répète, je suis pressé, très pressé. Laissez-moi donc aller où je dois.

---

1 Une main de fer : une main très forte, comme si elle était en fer.
2 Il me semble : je crois.

— Monsieur, dit Athos, vous n'êtes pas poli. Vous venez de loin. Cela se voit. »

D'Artagnan était déjà en bas de l'escalier. Il s'arrête.

« Sangdieu ! Monsieur, dit-il. Je viens de loin, c'est vrai. Mais personne ne me donnera de leçon³.

— Peut-être, remarque Athos.

— Ah ! Si je n'étais pas si pressé, s'écrie d'Artagnan, et si je ne courais pas après quelqu'un !

— Monsieur l'homme pressé, vous me trouverez sans courir, entendez-vous ?

— Et où cela, s'il vous plaît ?

---

3 Personne ne me donnera de leçon : personne ne me dira ce que je dois faire.

— Près des Carmes-Deschaux[4].

— À quelle heure ?

— Vers midi.

— Vers midi. C'est bien, j'y serai.

— Essayez de ne pas me faire attendre ou à midi un quart je vous couperai les oreilles.

— Bon !, lui crie d'Artagnan ; on y sera à midi moins dix minutes. »

Et il se remet à courir. Son inconnu marchait lentement. Il ne devrait pas être loin.

Mais, à la porte de l'hôtel, Porthos parle avec un soldat. Entre les deux hommes, il y a juste la place de passer. D'Artagnan croit qu'il le peut. Mais, à ce moment, le vent fait voler le long manteau de Porthos et le jeune homme vient donner droit dedans[5]. Porthos ne veut pas quitter son manteau, même un moment. Il le tire à lui. D'Artagnan s'enroule dans le manteau et se retrouve le nez entre les deux épaules de l'homme. Il voit que le baudrier est d'or seulement par-devant, qu'il est de cuir par-derrière : il comprend tout de suite que Porthos n'a pas eu assez d'argent pour acheter tout un baudrier d'or et qu'il porte un manteau et dit avoir pris froid pour cacher l'autre moitié.

« Sangdieu ! », crie Porthos et il fait tous ses efforts[6] pour repousser d'Artagnan qui remue[7] dans son dos.

« Sangdieu ! Qu'est-ce que vous avez à vous jeter de cette façon sur les gens ? »

D'Artagnan sort enfin du dos de Porthos en passant sous l'épaule de cet homme grand comme un cheval.

« Excusez-moi, dit-il, mais je suis pressé, je cours après quelqu'un.

---

4 Carmes-Deschaux : une maison de religieux en dehors de Paris.

5 Il vient donner droit dedans : il se jette dedans.

6 Faire des efforts : essayer de toutes ses forces de faire quelque chose.

7 Remuer : bouger.

— Oubliez-vous vos yeux quand vous courez ?

— Non, répond d'Artagnan, non et avec eux je vois même ce que les autres ne voient pas. »

Porthos comprend ou ne comprend pas ; mais ce qui est sûr c'est qu'il se met en colère.

« Monsieur, dit-il, vous vous ferez battre[8], je vous préviens, si vous vous frottez[9] ainsi aux mousquetaires.

— Battre, monsieur, répond d'Artagnan, le mot est dur.

— C'est celui qui est bon à employer[10] pour un homme qui a l'habitude de regarder ses ennemis en face.

— Ah ! Je sais bien que vous ne tournez pas le dos, même à vos amis, vous. »

Porthos fait un mouvement pour le suivre.

« Plus tard, plus tard, lui crie d'Artagnan, quand vous n'aurez plus votre manteau.

— À une heure donc, derrière le Luxembourg.

— Très bien, à une heure », répond le jeune homme, et il tourne déjà le coin de la rue.

Mais, ni dans cette rue-là, ni dans la suivante, il ne voit son inconnu. Peut-être est-il entré dans quelque maison.

D'Artagnan demande à tous ceux qu'il rencontre s'ils ne l'ont pas vu. Il descend jusqu'à la Seine[11], remonte par la Croix-Rouge[12], mais il ne le trouve pas.

---

8 Battre (quelqu'un) : être plus fort que lui, gagner la bataille.
9 Se frotter à quelqu'un : l'attaquer, faire des choses qui le fâchent.
10 Employer : utiliser.
11 La Seine : fleuve qui traverse Paris.
12 La Croix-Rouge : ici, quartier du centre de Paris.

LE MOUCHOIR[13] D'ARAMIS

Peu à peu, son cœur bat moins vite et il se met à penser à tout ce qui vient de lui arriver. À onze heures du matin, il a déjà été impoli avec M. de Tréville en le quittant si vite, et deux duels l'attendent avec deux des meilleurs mousquetaires du roi, des hommes qu'il aime et qu'il met au-dessus de tous les autres.

« Quel fou je suis ! Ce brave et malheureux Athos était blessé à l'épaule et je vais le frapper. La seule chose qui m'étonne, c'est qu'il ne m'ait pas tué tout de suite ; il en avait le droit. Comme j'ai dû lui faire mal ! Pour Porthos, oh ! Pour Porthos, vraiment, c'est plus drôle[14]. »

Et le jeune homme regarde s'il n'y a pas de passant, puis il se met à rire. En marchant, il arrive à quelques pas de l'hôtel d'Aiguillon, et, devant cet hôtel, il aperçoit Aramis. Celui-ci parle gaiement avec trois gentilshommes des gardes du roi. De son côté, Aramis voit d'Artagnan ; mais il n'a pas oublié que M. de Tréville s'est mis en colère le matin même devant ce jeune homme et il ne veut pas paraître le voir. D'Artagnan, au contraire, veut être agréable. Il fait un grand salut, et son plus gracieux[15] sourire. Aramis répond au salut, mais ne sourit pas. Les quatre hommes se taisent.

D'Artagnan cherche en lui-même un moyen de s'en aller le moins maladroitement possible[16]. Il remarque qu'Aramis a laissé tomber un mouchoir et qu'il a le pied dessus. Il se baisse, tire le mouchoir de dessous le pied du mousquetaire et le lui donne.

« Je crois, monsieur, lui dit-il, que voici votre mouchoir. Il est très beau et sûrement vous ne seriez pas content de le perdre. »

---

13 Un mouchoir : un bout de tissu qu'on utilise pour s'essuyer le nez.

14 Drôle : qui fait rire.

15 Gracieux : ici, beau.

16 Le moins maladroitement possible : en essayant de ne fâcher personne, en faisant le moins de bêtises possible.

Le mouchoir est très beau. C'est vrai. Mais il est aussi très fin. C'est un mouchoir de femme. D'Artagnan le comprend trop tard. Aramis rougit et le prend rapidement des mains du jeune homme.

«Vous vous trompez, dit-il. Ce mouchoir n'est pas à moi. Mon mouchoir, à moi, est dans ma poche.»

Il tire alors son propre mouchoir, un mouchoir beau, mais solide, épais. Cette fois-ci, d'Artagnan ne sait que dire :

« Monsieur, vous m'excuserez, je l'espère.

— Monsieur, répond Aramis, vous ne vous conduisez[17] pas comme un homme bien élevé[18].

— Quoi, monsieur !, s'écrie d'Artagnan, vous pensez…

---

17 Se conduire : agir.
18 Bien élevé : poli.

— Je pense, monsieur, que vous êtes une bête. Vous devriez savoir qu'on ne marche pas sans raison sur les mouchoirs de poche. Vous arrivez de Gascogne ; cela se voit.

— Monsieur, vous avez tort[19] de chercher[20] à m'insulter, dit d'Artagnan, de nouveau prêt à se battre. Je suis de Gascogne, c'est vrai ; mais les Gascons n'aiment pas s'excuser deux fois, même d'une maladresse ; je n'ai pas besoin de vous le dire.

— Monsieur, répond Aramis, j'ai dit et je répète que ce mouchoir n'est pas sorti de ma poche.

— Eh bien, vous en avez menti deux fois, monsieur. Je l'en ai vu sortir, moi !

— Ah ! Vous le prenez ainsi, monsieur le Gascon ! Eh bien ! je vous apprendrai à vivre.

— Et moi je vous renverrai à vos études, monsieur le religieux ! Mettez-vous en garde, s'il vous plaît. Nous allons nous battre tout de suite.

— Non pas, s'il vous plaît, mon bel ami. Non, pas ici. Cet hôtel est toujours plein d'amis du cardinal. Peut-être est-ce lui qui vous envoie pour me faire arrêter ? Or, je veux vous tuer, mais dans un endroit caché, là où personne ne le saura. Je vous attendrai à deux heures, à l'hôtel de M. de Tréville, répond Aramis. Là, je vous montrerai les bons endroits. »

Les deux jeunes gens se saluent, puis Aramis remonte la rue qui conduit au Luxembourg et d'Artagnan prend le chemin des Carmes-Deschaux, tout en disant :

« Je n'en reviendrai pas ; mais si je suis tué, je serai tué par un mousquetaire. »

---

19 Avoir tort : faire une faute, ne pas avoir raison.
20 Chercher à : essayer.

CHAPITRE 6

EN ATTENDANT DE SE TUER

D'Artagnan ne connaît personne à Paris. Il ne peut donc amener de second[1] et décide de prendre ceux d'Athos. De plus, il est prêt à faire au brave mousquetaire toutes les excuses voulues[2], mais sans faiblesse. Il ne voudrait pas se battre contre un homme blessé et il aimerait se faire un ami de cet homme. Son air de grand seigneur et son beau visage lui plaisent. À Porthos, il pense faire peur ; s'il n'est pas tué, il pourrait raconter à tout le monde l'histoire du baudrier. Aramis, lui, il le frappera au visage et mettra fin[3] à tout jamais à cette beauté que le jeune homme aime.

Il vole plutôt qu'il ne marche vers les Carmes-Deschaux. C'est une maison sans fenêtres entourée de prairies[4]. Quand il arrive, midi sonne.

Athos est là depuis cinq minutes. Sa blessure lui fait mal. Il est assis sur une pierre et il attend avec cet air tranquille qui ne le quitte jamais. Il aperçoit d'Artagnan, se lève et fait quelques pas au-devant de lui. Celui-ci, de son côté, enlève son chapeau.

« Monsieur, dit Athos, j'ai prévenu deux de mes amis. Ils me serviront de seconds, mais ces deux amis ne sont pas encore arrivés. Je m'étonne de leur retard[5].

---

1 Second : on l'appelle aussi témoin. Quand deux nobles veulent se battre en duel, chacun amène avec lui des amis, appelés seconds qui s'assurent que tout se passe comme il faut. Après ils s'occupent des blessés et emportent les morts.
2 Toutes les excuses voulues : toutes les excuses qu'il doit faire.
3 Mettre fin : finir.
4 Une prairie : endroit couvert d'herbe.
5 Retard : quand quelqu'un n'arrive pas à l'heure, il a du retard.

— Je n'ai pas de seconds, moi, monsieur, dit d'Artagnan. Je suis arrivé hier seulement à Paris et je connais seulement M. de Tréville. C'est mon père, un de ses amis, qui m'envoie à lui. »

Athos reste un moment silencieux.

« Vous connaissez seulement M. de Tréville ?, demande-t-il.

— Oui, monsieur. »

Athos parle alors moitié à lui-même et moitié à d'Artagnan.

« Ah çà, dit-il, si je vous tue, j'aurai l'air d'un mangeur d'enfants, moi !

— Pas trop, monsieur, répond d'Artagnan avec un salut, pas trop, n'êtes-vous pas blessé ?

— Parlons d'autre chose, si cela ne vous fait rien, répond Athos avec son air de gentilhomme.

— Si vous vouliez me permettre…, dit d'Artagnan.

— Quoi ? Monsieur ?

— Je connais un médicament pour les blessures. Il est très bon. Il me vient de ma mère. Je suis sûr qu'en moins de trois jours, ce médicament vous guérira ; et au bout de trois jours, quand vous serez guéri, eh bien ! monsieur, je serai toujours prêt à me battre. »

D'Artagnan dit ces mots avec simplicité.

« Pardieu[6] ! monsieur, reprend Athos, voilà qui me plaît, vous êtes un gentilhomme. Mais nous sommes au temps de M. le cardinal de Richelieu, et d'ici trois jours on saura que nous devons nous battre et l'on nous en empêchera. Ah çà, mes amis, vont-ils venir ?

— Si vous êtes pressé, monsieur, dit d'Artagnan avec la même simplicité, si vous êtes pressé et qu'il vous plaise de vous battre tout de suite, ne vous gênez pas, je vous en prie[7].

— Voilà encore un mot qui me plaît, répond Athos. Monsieur,

---

6 Pardieu : mot qui donne plus de force à ce qu'on dit.
7 Je vous en prie : phrase de politesse qui veut dire : s'il vous plaît.

j'aime les hommes comme vous. Si nous ne nous tuons pas l'un l'autre, j'aurai plus tard un vrai plaisir à vous connaître. Attendons ces messieurs, j'ai tout le temps, et cela sera mieux ainsi. Ah ! en voici un, je crois. »

L'ARRIVÉE DE PORTHOS ET D'ARAMIS

Au bout de la rue de Vaugirard, d'Artagnan voit paraître un homme grand et large comme une armoire.

« Quoi !, s'écrie d'Artagnan, un de vos seconds est Porthos ?

– Oui. Cela vous gêne-t-il ?

– Non, pas du tout.

– Et voici l'autre. »

D'Artagnan se retourne et reconnaît Aramis.

« Quoi ! s'écrie-t-il d'un air aussi étonné que la première fois, Aramis est aussi un de vos seconds ?

– Sans doute, répond Athos, on ne nous voit jamais l'un sans l'autre et on nous appelle « les trois mousquetaires ». Mais, vous arrivez de très loin…

– De Gascogne.

– Et vous ne pouvez pas le savoir.

– Vraiment, dit d'Artagnan, vous êtes bien nommés, messieurs. »

Pendant ce temps, Porthos s'est avancé. Il n'a plus son beau baudrier et il a enlevé son manteau. Il salue Athos. Puis il se tourne vers d'Artagnan et paraît étonné.

« Ah ! Ah ! dit-il, qu'est-ce que cela ?

– C'est avec monsieur que je me bats », dit Athos.

Il montre de la main d'Artagnan et le salue.

« C'est avec lui que je me bats aussi, dit Porthos.

– Mais à une heure seulement, répond d'Artagnan.

– Et moi aussi, c'est avec monsieur que je me bats, dit Aramis en arrivant à son tour.

— Mais à deux heures seulement, fait d'Artagnan avec la plus grande politesse.

— Mais pourquoi te bats-tu, toi, Athos ?, demande Aramis.

— Il m'a fait mal à l'épaule ; et toi, Porthos ?

— Je me bats parce que je me bats », répond Porthos en rougissant.

Athos remarque tout. Il voit un fin sourire sur les lèvres du Gascon.

« Nous ne sommes pas d'accord sur la façon de nous habiller, dit le jeune homme.

— Et toi, Aramis ?, demande Athos.

— Moi, je me bats pour une question de droit », répond Aramis, et il fait signe à d'Artagnan de ne rien dire.

Athos voit passer un deuxième sourire sur les lèvres de d'Artagnan.

« Vraiment ? dit-il.

— Oui, une question de religion. Nous ne sommes pas d'accord », dit le Gascon.

« C'est vraiment un homme d'esprit », pense Athos.

« Maintenant, dit d'Artagnan, vous êtes tous ensemble, messieurs. Permettez-moi de vous faire des excuses. »

Au mot d'excuses, un nuage passe sur le front d'Athos[8], un rire sur les lèvres de Porthos, et un sourire sur celles d'Aramis. Mais d'Artagnan relève sa tête et dit : « Vous ne comprenez pas, messieurs. Je vous demande de m'excuser si je ne peux pas me battre avec vous trois. M. Athos a le droit de me tuer le premier. Vous avez déjà moins de chances de pouvoir le faire, monsieur Porthos, et vous, moins encore, monsieur Aramis. Et maintenant, messieurs, je vous le répète, excusez-moi, mais de cela seulement, et en garde ! »

---

8 Un nuage passe sur son front : c'est une image pour dire qu'il n'est pas très content.

À ces mots, d'Artagnan tire son épée du fourreau. Le sang lui est monté à la tête[9], et à ce moment, il tirerait son épée contre tous les mousquetaires de France.

Il est midi et quart. Le soleil est haut et il n'y a pas d'ombre. Athos tire l'épée du fourreau à son tour et dit :

« Il fait très chaud, mais je ne peux enlever mon habit. Tout à l'heure encore, j'ai senti du sang sur ma blessure.

— Je me battrai donc habillé comme vous, dit d'Artagnan.

— Quand vous voudrez, monsieur, dit Athos en se mettant en garde.

— J'attendrai vos ordres », dit d'Artagnan.

---

9   Le sang lui est monté à la tête : c'est une image pour montrer qu'il est très en colère.

DEUX CONTRE CINQ

Les deux épées se sont à peine touchées et ont à peine sonné l'une contre l'autre que les gardes du cardinal se montrent au coin de la maison. Ils sont commandés par leur chef lui-même, M. de Jussac, un des hommes qui ont blessé Athos dans la nuit.

« Les gardes du cardinal !, s'écrient à la fois Porthos et Aramis. L'épée au fourreau[10], messieurs ! l'épée au fourreau ! »

Mais il est trop tard. Les gardes ont vu Athos et d'Artagnan.

Jussac s'avance vers eux :

« Holà ! crie-t-il, holà ! Mousquetaires, on se bat donc ici. Ce n'est pas permis[11]. Ne le savez-vous pas ?

— Si vous vouliez vous battre, vous, nous vous laisserions faire, répond Athos. Laissez-nous donc, et vous allez avoir du plaisir à nous regarder sans vous fatiguer.

— Messieurs, dit Jussac, c'est impossible. Le devoir[12] passe avant tout. Remettez donc vos épées au fourreau, s'il vous plaît, et suivez-nous.

— Monsieur, dit Aramis, ce serait avec plaisir que nous vous écouterions ; mais malheureusement la chose est impossible, M. de Tréville nous l'a défendue. Passez donc votre chemin[13], c'est ce que vous avez de mieux à faire.

— Si vous refusez de nous suivre, nous vous y obligerons, répond Jussac.

— Ils sont cinq, dit Athos à mi-voix. Nous sommes trois et encore je suis blessé. Mais moi je ne reviendrai pas battu devant M. de Tréville. Il nous faudra donc mourir ici. »

Athos, Porthos et Aramis se serrent les uns contre les autres.

---

10 L'épée au fourreau ! : mettez l'épée au fourreau.
11 Ce n'est pas permis : c'est interdit.
12 Le devoir : ce qu'on est obligé de faire pour le pays, la religion, le travail, etc.
13 Passez votre chemin : partez, continuez votre route.

Jussac place ses hommes. D'Artagnan regarde. Se battre avec les mousquetaires, c'est aller contre la loi[14], c'est-à-dire devenir l'ennemi d'un ministre plus fort que le roi lui-même. Mais cela ne fait pas peur à d'Artagnan. En un moment il est décidé. Il choisit entre le roi et le cardinal. Il se tourne vers Athos et ses amis.

« Messieurs, dit-il, vous avez dit que vous étiez trois, mais il me semble que nous sommes quatre.

— Mais vous n'êtes pas mousquetaire, dit Porthos.

— C'est vrai, répond d'Artagnan. Je n'ai pas l'habit, mais j'ai l'âme[15]. Mon cœur est mousquetaire. Je le sens bien, monsieur.

— Partez, jeune homme, crie Jussac. Vous pouvez vous retirer. Sauvez votre vie. Allez, vite ! »

D'Artagnan reste.

« Vraiment, vous êtes un noble garçon, dit Athos et il serre la main du jeune homme.

— Allons ! Allons ! Décidons-nous, reprend Jussac.

— Voyons, disent Porthos et Aramis, faisons quelque chose. »

Tous trois pensent que d'Artagnan est très jeune et ils ont peur de maladresses possibles.

« Nous serons deux, moi, un blessé et de plus un enfant, dit Athos, et l'on dira cependant que nous étions quatre hommes.

— Oui, mais reculer !, dit Porthos.

— C'est difficile », reprend Athos.

D'Artagnan les entend.

« Messieurs, essayez-moi toujours, dit-il. Je ferai ce que je peux et je vous promets que je ne partirai pas vivant.

— Comment vous appelle-t-on, mon brave[16] ?, dit Athos.

— D'Artagnan, monsieur.

— Eh bien ! Porthos, Aramis et d'Artagnan, en avant ! », dit Athos.

---

14 La loi : un texte qui dit ce qu'on peut faire et ce qui est interdit.
15 L'âme : ici, le cœur.
16 Un brave : quelqu'un de très courageux.

Jussac n'a pas compris ce qu'a dit Athos. Il crie pour la troisième fois :

«Voyons, messieurs, vous déciderez-vous ?»

Aramis lève son chapeau d'une main, tire son épée de l'autre et répond :

« Nous allons avoir le plaisir de nous battre.

— Ah ! vous refusez de nous suivre ! », dit Jussac.

Athos se place en face d'un certain Cahusac, ami du cardinal. Porthos prend Bicarat. Aramis se trouve devant deux hommes à la fois.

D'Artagnan, lui, est lancé contre Jussac lui-même. Le cœur du jeune Gascon frappe à grands coups dans sa poitrine, non de peur, il n'en a pas, mais de plaisir. Il se bat comme un fou, tourne dix fois autour de Jussac, change vingt fois sa garde[17]. Jussac

17 Changer sa garde : changer la façon de tenir son épée.

est très adroit. Il tire l'épée depuis bien longtemps ; mais il a beaucoup de peine à se défendre. D'Artagnan ne suit pas les habitudes reçues[18]. Il attaque de tous côtés à la fois, et tout cela sans se laisser toucher.

Enfin Jussac se met en colère. Il ne veut pas être arrêté par un enfant. Il commence à faire des fautes. D'Artagnan s'en aperçoit. Il fait plus attention encore. Jussac veut en finir et donne un coup terrible. D'Artagnan se baisse, passe son épée sous celle de Jussac et lui traverse le corps. Jussac tombe comme un bœuf[19].

« Sangdieu ! cela vous étonne ? »

Victoire

D'Artagnan regarde alors rapidement autour de lui. Aramis a tué un des soldats. L'autre est très fort, mais Aramis fait mieux que se défendre[20].

Bicarat et Porthos se sont touchés tous deux. Porthos a reçu un coup d'épée au travers[21] du bras et Bicarat au travers de la jambe. Mais, ni l'une ni l'autre des deux blessures n'est sérieuse et ils continuent à se battre.

Athos a été blessé de nouveau par Cahusac. Il est de plus en plus blanc ; mais il ne recule pas. Il a seulement changé son épée de main, et il se bat de la main gauche.

D'Artagnan a le droit[22] de venir en aide à quelqu'un. Il cherche celui qui a le plus besoin de lui. Il remarque un regard d'Athos. Ce regard dit : « Je n'en peux plus. Je vais tomber. Mais mieux vaut mourir que demander une aide. »

---

18 Il ne suit pas les habitudes reçues : il ne se bat pas comme les autres ont appris à se battre.
19 Il tombe comme un bœuf : il tombe comme le bœuf quand le boucher le tue.
20 Il fait mieux que se défendre : il se défend très bien.
21 Au travers : dans. L'épée est rentrée d'un côté de son bras et elle est ressortie de l'autre.
22 Avoir le droit : pouvoir.

D'Artagnan se jette contre Cahusac et crie :

« À moi, monsieur le garde, ou je vous tue ! »

Cahusac se retourne. Il était temps. Athos, que le courage tenait seul debout, tombe sur un genou.

« Sangdieu, crie-t-il à d'Artagnan, ne le tuez pas, jeune homme, je vous le demande. Gardez-le moi pour quand je serai guéri. Désarmez-le[23] seulement. C'est cela. Bien ! très bien ! »

L'épée de Cahusac saute à vingt pas. D'Artagnan et Cahusac courent ensemble, l'un pour la reprendre, l'autre pour l'en empêcher. D'Artagnan arrive le premier et met le pied dessus.

Cahusac court alors à celui des gardes qu'Aramis a tué. Il prend son épée et veut revenir à d'Artagnan, mais sur son chemin il rencontre Athos. Celui-ci a repris des forces et veut en finir lui-même avec son ennemi. Cahusac tombe, le cou traversé.

Au même moment Aramis met son épée contre la poitrine du dernier soldat qui vient de rouler à terre. Il l'oblige à se dire battu.

Restent Porthos et Bicarat. Porthos parle beaucoup, demande à Bicarat quelle heure il peut être, s'il n'est pas fatigué, etc., mais il n'arrive pas à le blesser de nouveau. Bicarat est un de ces hommes de fer qui se battent jusqu'à la mort.

Il faut en finir. D'autres gardes peuvent arriver et arrêter tout le monde. Athos, Aramis et d'Artagnan entourent Bicarat et lui demandent de rendre son épée. Seul contre tous, et blessé à la jambe, Bicarat refuse. Mais Jussac s'est relevé sur un coude. Il lui dit qu'il a tort. Gascon comme d'Artagnan, Bicarat se contente[24] de rire et, montrant la terre, il dit :

« Ici, mourra Bicarat, seul de ceux qui étaient avec lui.

— Ils sont quatre contre toi. Finis-en. Je t'en donne l'ordre, dit alors Jussac.

---

23 Désarmer : enlever l'arme, contraire de armer (donner une arme).
24 Se contenter de : faire seulement une chose.

— Ah ! Si tu m'en donnes l'ordre, c'est autre chose, répond Bicarat. Tu es mon chef et je dois t'écouter. »

Il fait un saut en arrière et casse son épée sur son genou. Il en jette les morceaux et attend.

Les mousquetaires saluent Bicarat de leurs épées et les remettent au fourreau. Puis aidés de Bicarat, le seul resté debout, ils portent dans la maison Jussac, Cahusac et le blessé d'Aramis. Le quatrième est mort. Alors ils prennent les quatre épées de leurs ennemis et ils marchent, heureux comme des rois, vers l'hôtel de M. de Tréville.

Ils tiennent toute la largeur de la rue[25]. Des mousquetaires les rencontrent et les suivent. Bientôt ils sont plus de cent. D'Artagnan, entre Porthos et Aramis, ne cache pas sa joie. Il leur dit :

« Je ne suis pas encore mousquetaire, mais n'est-ce pas un bon commencement[26] ? »

Athos, qui l'a entendu, répond : « Oui, mon ami, mais n'oubliez pas qu'on ne réussit à Paris que si le roi le veut. »

---

25 Ils tiennent toute la largeur de la rue : à eux quatre, ils remplissent toute la largeur de la rue (autrefois les rues de Paris étaient beaucoup plus étroites qu'aujourd'hui).
26 Un commencement : un début.

CHAPITRE 7

LE ROI LOUIS XIII

M. de Tréville entend des cris. Il appelle un de ses hommes et lui demande ce qui arrive, on le lui dit.

Tout en écoutant, M. de Tréville va jusqu'à la porte. Il sort et se montre d'abord très en colère. Puis il fait entrer Athos, Porthos, Aramis et d'Artagnan. Alors, il ne peut s'empêcher de les embrasser.

« Vous êtes des hommes comme je les aime, leur dit-il, et je vous défendrai contre le cardinal. Et vous, jeune homme, je m'occuperai de vous… Mais il n'y a pas de temps à perdre. Il faut que je voie le roi avant le cardinal ou je ne donne pas cher de vos têtes et de ma place[1]. »

Sans perdre une minute, le chef des Mousquetaires part pour le Louvre… Mais il est trop tard. Le cardinal est déjà chez le roi et on répond à M. de Tréville que Sa Majesté ne peut le recevoir en ce moment.

M. de Tréville ne quitte pas le palais et le soir, il va au jeu. Le roi aime gagner et il gagne. Il est donc très content. Aussi, quand il aperçoit Tréville, il lui dit:

« Venez ici, monsieur le chef des mousquetaires. Venez. Je vais vous dire ce que je pense. Savez-vous que M. le cardinal est venu se plaindre de vos hommes et que ce soir, il en est malade ? Ah ça !

---

1 Je ne donne pas cher de vos têtes et de ma place : je pense que vous serez tués et que je perdrai mon travail.

ils sont terribles vos mousquetaires, et ce sont des gens à pendre[2] !

— Non, Sire[3], répond Tréville, qui comprend tout de suite où le roi veut en venir[4]. Non, au contraire, ils sont doux comme des moutons[5] et ils veulent seulement tirer leur épée pour le service de Votre Majesté.

— Écoutez M. de Tréville ! dit le roi. Écoutez-le ! Ne dirait-on pas qu'il commande des jeunes filles ? Mais ne pensez pas que je croirai tout ce que vous direz. On m'appelle Louis le Juste,

---

2 Pendre quelqu'un : le tuer en lui mettant une corde autour du cou et en le jetant dans le vide.

3 Sire : Majesté.

4 Où il veut en venir : ce qu'il veut dire.

5 Un mouton : un animal de ferme doux et gentil.

monsieur de Tréville, rappelez-vous-le, et tout à l'heure nous verrons.

— Et c'est parce que vous êtes juste, Sire, que j'attendrai tranquillement.

— Attendez donc, monsieur, attendez donc, dit le roi. Je ne vous ferai pas attendre longtemps. »

La chance tourne[6] et le roi commence à perdre. Il est heureux de se retirer du jeu. Il se lève, met dans une poche l'argent qui est devant lui et qu'il a gagné, puis il dit :

« Et comment la chose est-elle venue, voyons ? Vous le savez, mon cher mousquetaire, il faut qu'un juge écoute chacun.

— Ah ! mon Dieu ! Elle est venue de la façon la plus simple. Trois de mes meilleurs hommes, trois de vos meilleurs mousquetaires, Sire, MM. Athos, Porthos et Aramis, allaient se promener à Saint-Germain. Ils s'étaient donné rendez-vous aux Carmes-Deschaux avec un jeune Gascon que je leur avais présenté le matin même. Ils partaient, quand ils rencontrent M. de Jussac, MM. Cahusac, Bicarat et deux autres gardes. Que venaient faire ceux-ci aux Carmes-Deschaux ? Je ne le sais pas. Peut-être avaient-ils des idées contraires à la loi.

— Ah ! Ah ! Vous m'y faites penser, dit le roi : sans doute ils venaient se battre eux-mêmes.

— Je n'en sais rien. Votre Majesté jugera ce qu'ils pouvaient venir faire dans ce lieu inhabité.

— Oui, vous avez raison, Tréville, vous avez raison.

— Alors, quand ces gardes qui sont au cardinal, ont vu des mousquetaires, ils ont changé d'avis[7]. Ils ont oublié pourquoi ils étaient venus et ils ont attaqué les mousquetaires, qui sont au roi, et au roi seul.

---

6 Tourner : ici, changer.
7 Changer d'avis : changer d'idée.

— Vous dites que les gardes ont attaqué les mousquetaires ?

— Je dis que les choses ont dû se passer ainsi, mais je n'en suis pas sûr, Sire. Vous savez combien la vérité est difficile à connaître ; seul Louis le Juste…

— Et vous avez raison, Tréville, mais ils n'étaient pas seuls, il y avait avec eux un enfant ?

— Oui, Sire, et l'un d'entre eux était blessé. Ainsi deux mousquetaires du roi, un blessé, mousquetaire aussi, et un enfant, ont blessé et tué quatre des cinq plus terribles gardes de M. le cardinal.

— Mais c'est étonnant ! Quatre hommes, et parmi eux un blessé et un enfant, dites-vous ?

— Un tout jeune homme, mais si courageux que je voudrais parler de lui à Votre Majesté.

— Comment s'appelle-t-il ?

— D'Artagnan, Sire. C'est le fils d'un de mes plus vieux amis[8], le fils d'un homme qui a fait la guerre avec le roi votre père.

— Et vous dites qu'il s'est bien conduit, ce jeune homme ? Racontez-moi cela, Tréville.

— Sire, reprend Tréville, je vous l'ai dit, M. d'Artagnan est presque un enfant. Il n'a pas l'honneur[9] d'être mousquetaire et les gardes de M. le cardinal lui ont dit de se retirer.

— Alors, vous voyez bien, Tréville, que ce sont les gardes qui sont dans leur tort[10].

— C'est juste Sire. Ainsi il n'y a plus de doute… Ils lui donnent l'ordre de se retirer ; mais il répond qu'il est mousquetaire de cœur et tout à[11] Sa Majesté, qu'il restera donc avec les mousquetaires.

---

8 Un vieil ami : un ami qu'on a depuis très longtemps.
9 L'honneur : ici, la grande fierté.
10 Être dans son tort : faire une faute. Ne pas avoir raison devant la loi.
11 Il est tout à vous : ici, il est totalement à votre service.

— Brave jeune homme !, dit le roi.

— Il reste donc avec eux ; et c'est lui qui donne à Jussac ce terrible coup d'épée qui met si en colère M. le cardinal.

— C'est lui qui a blessé Jussac ?, coupe le roi ; lui un enfant ! Cela, Tréville, est impossible.

— C'est cependant la vérité.

— Jussac est un de nos meilleurs tireurs à l'épée.

— Eh bien, Sire, il a trouvé son maître[12].

— Je veux voir ce jeune homme. Tréville, je veux le voir, et, si je peux faire quelque chose pour lui, eh bien ! je le ferai.

— Quand Votre Majesté le recevra-t-elle ?

— Demain à midi, Tréville.

— L'amènerai-je seul ?

— Non, amenez-les moi tous les quatre. Je veux les voir tous à la fois. De pareils hommes sont rares, Tréville.

— À midi, Sire, nous serons au Louvre.

— Ah ! Par le petit escalier, Tréville, par le petit escalier. Il n'est pas utile que le cardinal... Vous comprenez, Tréville, la loi est la loi. Il est défendu de se battre.

— Mais cette rencontre, Sire, sort tout à fait de ce qui est habituel[13]. Mes trois mousquetaires et M. d'Artagnan se défendaient.

— C'est juste, c'est juste, dit le roi : mais entrez par le petit escalier. »

Tréville sourit, heureux de ce qui est décidé. Il salue le roi et sort.

---

12 Il a trouvé son maître : il a trouvé quelqu'un de plus fort que lui.
13 Sort de ce qui est habituel : est très différent de ce qui se passe d'habitude.

QUAND D'ARTAGNAN
VA AU JEU DE BALLE

Le soir même, M. de Tréville fait prévenir les trois mousquetaires de l'honneur qui leur est fait. Ils connaissent depuis
longtemps le roi et cela nc les empêche pas de dormir.

D'Artagnan, lui, rêve toute la nuit. Il se lève tôt, et, à
huit heures du matin, il arrive chez Athos. Il trouve le mousquetaire tout habillé et prêt à sortir. Avant d'aller chez le roi à midi,
il a décidé avec Porthos et Aramis de faire une partie[14] de balle
près du Luxembourg. Il demande à d'Artagnan de venir avec lui.
Celui-ci n'a jamais joué à ce jeu, mais il suit Athos avec plaisir.

Les deux mousquetaires sont déjà arrivés. Athos et d'Artagnan
se mettent en face d'eux. Athos est très adroit au jeu de balle,
comme pour tout, mais au premier mouvement, il comprend que,
même de la main gauche, il ne pourra pas jouer.

D'Artagnan reste seul. Il se dit trop maladroit pour faire
une vraie partie. Porthos et Aramis lui envoient simplement des
balles. Mais les balles lancées par Porthos ont une force terrible.
D'Artagnan ne peut les reprendre[15]. L'une d'elles passe près
de son visage et comme il tient à être présenté au roi, il salue
poliment et dit qu'il reprendra[16] la partie quand il saura mieux
jouer. Il va s'asseoir et regarde Aramis jouer contre Porthos.

Malheureusement pour d'Artagnan, un garde du cardinal
est assis tout près de là. Ce garde vient d'apprendre le duel des
Carmes-Deschaux. Il veut se battre avec le premier mousquetaire
venu[17].

---

14 Une partie : ici, un jeu.
15 Reprendre : ici, attraper.
16 Reprendre : ici, recommencer.
17 Le premier venu : n'importe lequel, le premier qu'il rencontre.

« Il n'est pas étonnant, dit-il d'une voix forte, que ce jeune homme ait peur d'une balle. C'est sans doute un mousquetaire. »

D'Artagnan se retourne comme si un chien l'avait mordu[18]. Il regarde le garde droit dans les yeux.

« Pardieu !, reprend celui-ci, regardez-moi tant que vous voudrez, mon petit monsieur, j'ai dit ce que j'ai dit.

— Et, ce que vous avez dit est trop clair pour avoir besoin d'être répété, répond d'Artagnan à voix basse. Je vous prie donc de me suivre.

— Et vous savez qui je suis ?

— Je n'en sais rien et je me moque[19] de le savoir.

— Je m'appelle Bernajoux.

— Eh bien, monsieur Bernajoux, dit tranquillement d'Artagnan, je vais vous attendre à la porte.

— Allez, monsieur, je vous suis. »

Ce garde est de ceux qui continuent à se battre en duel toutes les fois qu'ils le peuvent. Il est connu de tout Paris et il s'étonne que son nom ne dise rien[20] au jeune homme.

Porthos et Aramis sont occupés à leur partie. Athos les regarde avec attention. Ni l'un, ni les autres ne voient sortir leur jeune camarade et le garde.

Il est bientôt midi, l'heure pour les quatre amis d'aller chez le roi. Aussi d'Artagnan pense qu'il n'a pas de temps à perdre. Il jette les yeux rapidement autour de lui, ne voit personne dans la rue et dit : « En garde ! »

— Mais, dit Bernajoux, il me semble que l'endroit est assez mal choisi et que nous serions mieux à Saint-Germain ou dans le Pré-aux-Clercs.

---

18 Mordre : blesser quelqu'un avec les dents.
19 Je me moque de… : ici, ça m'est tout à fait égal.
20 Cela ne lui dit rien : cela ne lui rappelle rien.

— Ce que vous dites est peut-être vrai, répond d'Artagnan. Malheureusement j'ai peu de temps devant moi. Je dois être libre à midi. En garde, donc, monsieur, en garde ! »

Bernajoux n'est pas homme à[21] se le faire répéter deux fois. Il tire son épée et se lance sur d'Artagnan. Il croit lui faire peur.

Mais d'Artagnan a beaucoup appris. Il est décidé à ne pas reculer et c'est Bernajoux qui doit faire un pas en arrière. D'Artagnan repousse[22] l'épée tendue et touche à l'épaule. Aussitôt, il fait un pas en arrière et relève son épée. Bernajoux est à peine blessé et la colère le prend d'avoir été touché par un enfant. Il crie que ce n'est rien et se lance de nouveau en avant.

---

21 Il n'est pas homme à… : ce n'est pas dans son habitude de..
22 Repousser : pousser en arrière.

L'épée de d'Artagnan entre dans la poitrine de l'homme. Mais celui-ci ne tombe pas. Il ne veut pas reconnaître[23] qu'il est battu et il essaie de se retirer vers l'hôtel de la Trémoïlle où il a un parent. Il recule. D'Artagnan le suit et sans doute va en finir avec lui d'un troisième coup.

Mais des cris se font entendre. Deux amis du garde l'ont entendu parler avec d'Artagnan, l'ont vu sortir et ont décidé au bout d'un moment de le suivre. Ils arrivent l'épée à la main et courent sur d'Artagnan. Heureusement, Athos, Porthos et Aramis paraissent à leur tour et les deux gardes doivent se retourner. À ce moment, Bernajoux tombe. Les gardes voient qu'ils sont seulement deux contre quatre. Ils crient :

« À nous, l'hôtel de la Trémoïlle ! »

À ces cris, tous les hommes qui se trouvent dans l'hôtel sortent et se jettent sur les quatre amis. Ceux-ci de leur côté crient :

« À nous, mousquetaires ! »

Cet appel est toujours entendu. On sait les mousquetaires ennemis du cardinal et on les aime. Trois gardes de M. des Essarts passent en ce moment. Deux d'entre eux viennent en aide[24] aux quatre mousquetaires. L'autre court à l'hôtel de M. de Tréville.

« À nous, mousquetaires, à nous ! », crie-t-il.

Comme d'habitude, l'hôtel de M. de Tréville est plein de soldats. Ils courent tous vers l'hôtel de la Trémoïlle.

Les mousquetaires sont les plus forts. Les gardes du cardinal et les gens de M. de la Trémoïlle se retirent dans l'hôtel. Ils ferment les portes juste à temps pour empêcher que leurs ennemis n'y entrent derrière eux.

---

23 Se dire battu ou reconnaître qu'on est battu : dire devant son ennemi qu'on est le plus faible, qu'on a perdu la bataille.
24 Venir en aide : aider.

LE DUC DE LA TRÉMOÏLLE

L es mousquetaires veulent punir les serviteurs de M. de la Trémoïlle en mettant le feu à l'hôtel. Mais onze heures sonnent. D'Artagnan et ses amis ne veulent pas arriver en retard chez le roi. Ils ne veulent pas d'autre part qu'une si belle affaire[25] continue sans eux. On jette simplement quelques pierres contre les portes… et nos amis courent à l'hôtel de M. de Tréville. Celui-ci les attend.

« Vite au Louvre, dit-il, au Louvre sans perdre un moment ! Essayons de voir le roi avant le cardinal. Nous lui présenterons la chose comme la fin de l'affaire d'hier, et les deux passeront ensemble. »

M. de Tréville et les quatre jeunes gens arrivent au Louvre ; mais on dit au chef des mousquetaires que le roi est parti chasser[26] à Saint-Germain. M. de Tréville se fait répéter deux fois cette nouvelle. Son visage devient sérieux.

« Est-ce que Sa Majesté, demande-t-il, avait décidé cette chasse hier ?

– Non, lui répond-on. Il ne voulait pas y aller et il s'est décidé très tard. Il est parti seulement le soir.

– Et le roi a-t-il vu le cardinal ?, demande M. de Tréville.

– Sûrement. »

M. de Tréville revient à son hôtel, appelle un de ses serviteurs et l'envoic chcz M. le duc de la Trémoïlle. Il lui demande de renvoyer les gardes du cardinal qui sont encore chez lui et de punir ses serviteurs.

Le duc de la Trémoïlle fait répondre que ni M. de Tréville, ni les mousquetaires n'ont le droit de se plaindre. Mais lui, bien au

---

25 Une affaire : ici, une histoire, une aventure.
26 Chasser : prendre ou tuer des animaux sauvages.

contraire, il l'a ce droit : « On a même, écrit-il, essayé de brûler mon hôtel. »

M. de Tréville décide alors d'aller trouver lui-même le duc. Il se rend[27] chez lui et demande à le voir. M. de la Trémoïlle le salue, mais se montre plus froid que d'habitude.

« Monsieur, dit M. de Tréville, nous croyons avoir à nous plaindre chacun l'un de l'autre, et je suis venu moi-même pour savoir la vérité.

— Très bien, répond le duc de la Trémoïlle, mais je suis sûr que tout le tort est à vos mousquetaires.

— Vous êtes un homme trop juste, monsieur, dit Tréville, pour refuser de me laisser voir le blessé. Demandons-lui au nom de Dieu qui l'attend peut-être bientôt, de dire la vérité, et ce qu'il dira, je le croirai. »

M. de la Trémoïlle veut bien et les deux hommes descendent dans la chambre où se trouve le blessé. Celui-ci, en voyant entrer ces deux grands seigneurs, essaie de se lever de son lit, mais il est trop faible et retombe. Placé entre la vie et la mort, il raconte les choses comme elles se sont passées.

C'est tout ce que M. de Tréville voulait, et, après une bonne parole à Bernajoux, il salue le duc de la Trémoïlle, rentre à son hôtel et fait prévenir les quatre amis qu'il les attend à déjeuner.

---

27 Se rendre : aller.

CHAPITRE 8

LA COLÈRE DU ROI

D'Artagnan est à Paris depuis quarante-huit heures seulement et déjà le chef des mousquetaires, le camarade d'enfance du roi, le reçoit à sa table[1]. La nouvelle est bientôt connue et les autres mousquetaires le voient passer avec envie.

Le jeune homme est heureux. Il arrive bien avant l'heure. Il doit attendre. Pour passer le temps, il descend la rue de Vaugirard et il rêve.

Les vieux palais[2] de Paris ouvrent leurs portes. Des chevaux, des voitures plus belles les unes que les autres entrent et sortent. De jolies femmes montrent leurs visages roses et blonds aux portières. Elles sourient à des seigneurs couverts d'or assis à côté d'elles.

« Un jour, pense d'Artagnan, un jour, moi aussi je serai comme un de ces jeunes hommes. » Mais la parole d'Athos lui revient[3]. « Si le roi le veut. »

Tout à coup il s'aperçoit que l'heure passe. Il doit courir pour ne pas être en retard.

M. de Tréville reçoit seulement à sa table des ennemis du cardinal et on parle beaucoup pendant le déjeuner des derniers malheurs des gardes. M. de Tréville lui-même boit à la santé de d'Artagnan, rouge de plaisir. Puis il parle du passé :

---

1   Recevoir quelqu'un à sa table : l'inviter à manger chez soi.
2   Un palais : une grande et belle maison, un château.
3   Cela lui revient : il se souvient de cela.

« Ah ! le bon roi Henri ! Il était toujours à cheval ! J'étais bien jeune alors. Mais votre père, jeune homme, avait quelques années de plus que moi et il s'est battu avec le roi. Quels coups d'épée n'a-t-il pas donnés ! Et je crois que son fils le vaudra[4]... Mais il est tard et il est temps d'aller au Louvre... »

Le roi n'est pas encore revenu de la chasse.

Les mousquetaires attendent depuis une demi-heure à peine quand les portes s'ouvrent. Sa Majesté arrive.

Le cœur de d'Artagnan se met à battre.

Louis XIII paraît. Il est en habit de chasse, encore tout couvert de poussière[5].

Il passe devant Athos, Porthos et Aramis qu'il connaît, sans leur parler. Il semble même ne pas les voir. Puis, il rentre dans son appartement avec un air très mécontent.

« Les affaires vont mal, dit Athos en souriant.

— Attendez ici dix minutes, dit M. de Tréville ; et si au bout de dix minutes vous ne me voyez pas sortir, retournez à mon hôtel. Il sera inutile que vous attendiez plus longtemps. »

Les quatre jeunes gens attendent dix minutes, un quart d'heure, vingt minutes. M. de Tréville ne reparaît pas. Ils sortent et se demandent ce qui va arriver.

M. de Tréville, lui, est entré dans le bureau du roi et il lui a demandé des nouvelles de sa santé.

« Mauvaises, monsieur, mauvaises, répond le roi. Je ne sais plus comment m'occuper.

— Comment vous occuper !, dit M. de Tréville. Votre Majesté n'a-t-elle pas chassé aujourd'hui ?

— Beau plaisir, monsieur ! Les chiens n'ont plus de nez[6]. Nous lançons un bel animal. Nous le suivons pendant six heures, et

---

4 Valoir quelqu'un : être aussi bien que lui.
5 La poussière : de la terre très fine.
6 Ils n'ont plus de nez : ils ne sentent plus aussi bien qu'avant l'odeur des animaux.

quand il commence à faiblir, les chiens se mettent à suivre une nouvelle bête.

« Vous verrez que je serai obligé de ne plus chasser. Ah ! je suis un roi bien malheureux, monsieur de Tréville... Et puis M. le cardinal est toujours là. Il ne me laisse pas un moment tranquille. Il me parle de l'Espagne. Il me parle de l'Autriche. Il me parle de l'Angleterre !... Enfin, monsieur de Tréville, je ne suis pas content de vous.

— Et en quoi ai-je été assez malheureux pour déplaire à Votre Majesté ?, demande M. de Tréville.

— Est-ce ainsi que vous faites votre métier, monsieur ?, continue le roi sans répondre à la question de M. de Tréville. Est-ce pour cela que je vous ai nommé[7] chef de mes mousquetaires ? Ceux-ci tuent un homme, veulent brûler Paris et vous ne dites mot ? Mais, continue le roi, sans doute vos hommes sont déjà arrêtés et justice est faite[8].

— Sire, répond tranquillement M. de Tréville, c'est moi qui viens vous la demander.

— Et contre qui ?, s'écrie le roi.

— Non, pas contre, mais pour mes mousquetaires, dit M. de Tréville.

— Ah ! voilà qui est nouveau, reprend le roi. Vous allez me dire sans doute que vos trois mousquetaires, Athos, Porthos et Aramis et votre jeune Gascon, ne se sont pas jetés contre ce pauvre Bernajoux, ne l'ont pas blessé et qu'il n'est pas en train de mourir ! Vous allez dire ensuite qu'ils n'ont pas voulu brûler l'hôtel de la Trémoïlle ! Dites, tout cela n'est-il pas vrai ?

— Et qui vous a raconté tout cela, Sire ?, demande tranquillement M. de Tréville.

---

7 Nommer : ici, choisir quelqu'un pour un travail donné.
8 Justice est faite : ceux qui ont fait une faute sont punis.

— Et qui vous voulez que ce soit, si ce n'est celui qui travaille quand je dors, qui conduit tout à l'intérieur comme à l'extérieur, en France comme en Espagne ?

— Sa Majesté veut parler de Dieu sans doute, dit M. de Tréville ; car Dieu seul est si au-dessus de Sa Majesté.

— Non, monsieur ; je veux parler de mon seul serviteur, de mon seul ami, de M. le cardinal.

— M. le cardinal n'est pas Dieu.

— Vous voulez dire qu'il me trompe[9] ?

— Non, Sire, mais je dis qu'on le trompe lui-même ; je dis qu'on ne lui a pas dit la vérité.

— La plainte[10] vient de M. le duc de la Trémoïlle, du duc lui-même. Que répondez-vous à cela ?

— Je pourrais répondre, Sire, que ses hommes se sont battus contre nos mousquetaires et qu'il doit vouloir les défendre, mais le duc est un noble gentilhomme, et je croirai tout ce qu'il dira à Votre Majesté, mais…

— Quoi encore ?

— Votre Majesté le fera venir, le recevra seul et je verrai Votre Majesté tout de suite après.

— D'accord !, fait le roi, et vous croirez tout ce que dira M. de la Trémoïlle ?

— Oui, Sire.

— La Chesnaye !, crie le roi. La Chesnaye ! »

L'homme à tout faire[11] de Louis XIII, qui se tient toujours à la porte, entre.

« La Chesnaye, dit le roi, envoyez chercher tout de suite M. de la Trémoïlle, je veux lui parler ce soir.

---

9 Tromper : dire des choses fausses.

10 Une plainte : ce qu'on dit à quelqu'un qui peut juger quand on n'est pas content.

11 Un homme à tout faire : quelqu'un qui travaille pour quelqu'un d'autre, qui fait pour lui beaucoup de travaux différents.

— Votre Majesté me promet qu'elle ne verra personne entre M. de la Trémoïlle et moi ?

— Personne.

— À demain, Sire, alors.

— À demain, monsieur, à sept heures. »

UN ROI QUI AIME LES BRAVES

Si le roi dort peu, M. de Tréville dort plus mal encore. Il a fait donner l'ordre le soir même à ses trois mousquetaires et à d'Artagnan de se trouver chez lui à six heures et demie du matin.

À l'heure prévue[12], les quatre hommes sont là. M. de Tréville les emmène sans rien leur promettre et sans leur cacher le danger.

Au bas du petit escalier, il leur dit d'attendre. Si le roi est toujours mécontent, ils repartiront et reviendront au bout de quelques jours seulement. Si le roi veut les recevoir, on pourra rapidement les faire appeler.

Derrière la porte, M. de Tréville trouve La Chesnaye. Celui-ci lui apprend que le duc de la Trémoïlle n'était pas à son hôtel, qu'il était rentré trop tard pour se présenter au Louvre, qu'il venait seulement d'arriver, et qu'il était en ce moment même chez le roi.

M. de Tréville est heureux de ces nouvelles. Ainsi personne ne verra le roi entre lui et le duc.

Dix minutes passent. La porte du bureau du roi s'ouvre. Le duc de la Trémoïlle en sort et vient à M. de Tréville.

« Monsieur de Tréville, dit-il, Sa Majesté m'a envoyé chercher. Elle a voulu savoir comment les choses se sont passées hier matin à mon hôtel. Je lui ai dit la vérité. Mes gens ont eu tort et je suis prêt à vous faire des excuses. Vous voici : veuillez les recevoir et me croire toujours un de vos amis.

---

12 À l'heure prévue : à l'heure que le roi avait donnée.

— Monsieur le duc, dit M. de Tréville, je vous connais. Je n'ai donc pas voulu, près de Sa Majesté, d'autre défenseur[13] que vous-même. Je vois que je ne m'étais pas trompé et je suis heureux qu'il y ait encore en France des hommes comme vous.

— Ah ! c'est vous Tréville ! Où sont vos mousquetaires ? Je vous ai dit avant-hier de me les amener. Pourquoi ne l'avez-vous pas fait ?

— Ils sont en bas, Sire, et La Chesnaye va les faire monter.

— Oui, oui, faites-les venir tout de suite. Il va être huit heures, et à neuf heures, j'attends quelqu'un. Allez, monsieur le duc, et revenez surtout. Entrez, Tréville. »

---

13 Un défenseur : quelqu'un qui défend quelqu'un d'autre, qui ne laisse personne lui faire du mal.

Le duc salue et sort. Au moment où il ouvre la porte, les trois mousquetaires et d'Artagnan, conduits[14] par La Chesnaye, arrivent en haut de l'escalier. Le roi les voit :

« Entrez mes amis, dit-il. Entrez. Je vais vous dire ce que je pense de vos façons de faire. »

Les mousquetaires avancent. D'Artagnan les suit.

« Comment, continue le roi, avez-vous osé blesser sept gardes du cardinal en deux jours ! C'est trop, messieurs, c'est trop. Si vous continuez ainsi, le cardinal n'aura plus personne pour le servir dans trois semaines. Un de temps en temps, je ne dis pas non ; mais sept en deux jours, je le répète, c'est trop, beaucoup trop.

— Aussi, Sire, Votre Majesté voit qu'ils viennent lui faire des excuses et promettre de ne plus recommencer.

— Ne plus recommencer ! Hum ! fait le roi ; j'en doute. Il y a surtout là-bas une figure de Gascon[15]. Venez ici, monsieur. » D'Artagnan s'avance en prenant son air le plus désespéré[16].

« Mais vous m'avez trompé, reprend le roi. Ce n'est pas un jeune homme ! C'est un enfant, monsieur de Tréville, un vrai enfant ! Et c'est lui qui a donné ce beau coup d'épée à Jussac ?

— Et ces deux beaux coups à Bernajoux.

— Vraiment !

— Sans compter[17], dit Athos, que s'il ne m'avait pas tiré des mains[18] de Cahusac, je ne serais pas à cette heure devant Votre Majesté.

— Mais il est terrible ce jeune Gascon, monsieur de Tréville !… À ce métier-là, il doit casser plus d'une épée. Or ces Gascons

---

14 Conduits : ici, amenés.

15 Une figure de (Gascon) : quelqu'un qui a vraiment l'air d'être (gascon).

16 Désespéré : très malheureux.

17 Sans compter : ici, sans oublier.

18 Tirer des mains de : expression qui veut dire sauver.

sont toujours pauvres, n'est-ce pas ? La Chesnaye, allez voir dans mes poches si vous n'y trouvez pas deux cents pièces d'or pour ce jeune homme. Et maintenant qu'il est huit heures et demie, retirez-vous ; car je vous l'ai dit, j'attends quelqu'un à neuf heures. Merci, messieurs. Puis-je compter sur vous[19] ?

– Oh ! Sire, s'écrient d'une même voix[20] les quatre amis, nous nous ferions couper en morceaux pour Votre Majesté.

– Encore un mot, dit le roi. M. de Tréville, vous ne pouvez pas prendre ce jeune homme chez vos mousquetaires. Après ce qui est arrivé, le cardinal en tomberait malade et j'ai besoin qu'il continue à me servir. Mais je vais parler de notre Gascon à votre ami, M. des Essarts… Il sera ainsi toujours près de vous et dans quelques mois, nous verrons. D'ici là, ou je me trompe beaucoup, ou il aura encore donné quelques bons coups d'épée à mon service. »

Louis XIII connaissait les hommes et il avait su juger d'Artagnan. Bientôt, celui-ci saura montrer qu'il est aussi intelligent que brave. Avec ses trois amis, Athos, Porthos et Aramis, il se battra de nouveau pour son roi et il retrouvera en face de lui le terrible cardinal de Richelieu et ses agents, le sombre et beau Rochefort et aussi Milady, la belle jeune femme blonde qui parlait à Meung à la portière d'une lourde voiture.

---

19 Compter sur quelqu'un : être sûr qu'il fera ce qu'il doit faire.
20 D'une même voix : ensemble.

Activités

1 💿 piste 1 → **Écoutez et associez questions et phrases du texte pour découvrir les circonstances de l'histoire.**

1. Debout à la fenêtre du rez-de-chaussée.

2. Ces Gascons sont terribles.

3. Le premier lundi du mois d'avril 1625 à cinq heures du soir.

a. Qui ?

b. Quoi ?

4. Dans le village de Meung.

5. Une longue épée pend le long des jambes.

c. Quand ?

6. Un jeune homme maigre.

d. Où ?

7. Le médicament, les conseils du père, les quinze pièces en or, le cheval, la lettre.

8. Un seigneur très grand et très bien habillé.

9. Un homme de quarante à quarante-cinq ans.

2 💿 piste 1 → **Avez-vous bien compris ? Écoutez et cochez les réponses correctes.**

1. D'Artagnan quitte sa maison avec :
- ☐ **a.** des pièces d'or.
- ☐ **b.** son serviteur.
- ☐ **c.** une lettre.

2. D'Artagnan est né :
- ☐ **a.** à Meung.
- ☐ **b.** en Gascogne.
- ☐ **c.** à Paris.

3. Le père de d'Artagnan a donné à son fils :
- ☐ **a.** une veste de laine
- ☐ **b.** un cheval.
- ☐ **c.** une épée.

3 Choisissez dans la liste les adjectifs que vous pouvez attribuer à d'Artagnan et au seigneur inconnu.

brun - courageux - désagréable - fier - intelligent - maigre - noir - supérieur - susceptible

D'Artagnan : ....

Le seigneur inconnu : ....

4 Répondez aux questions suivantes.

1. Qui interdit les duels ?

....

2. Qui est « ami » du roi ? *d'Artagnan, le père de d'Artagnan, Monsieur de Tréville, le cardinal Richelieu, les mousquetaires, le seigneur inconnu ?*

....

3. Comment Monsieur de Tréville a-t-il connu le roi ?

....

5 Le père de d'Artagnan donne des conseils à son fils. Il le vouvoie. Écrivez ses conseils.

Exemple : aller voir Monsieur de Tréville → *Allez voir Monsieur de Tréville.*

1. se battre – 2. ne pas vendre le cheval –
3. faire attention au cheval – 4. ne pas avoir peur.

1. .... **3.** ....

2. .... **4.** ....

6 Répondez aux questions suivantes.

1. *Battez-vous, surtout si cela est défendu.* Comment expliquez-vous que le père de d'Artagnan encourage son fils à se battre ?

....

....

2. *Ce médicament guérit toute blessure qui ne touche pas le cœur.* Quel sens donnez-vous à cette phrase ?

....

....

1 piste 2 → **Avez-vous bien compris ? Écoutez et classez ces actions dans leur ordre chronologique (de 1 à 6) : écrivez les numéros.**

a. L'hôtelier reçoit de l'argent de l'inconnu. → ......

b. L'hôtelier accuse l'inconnu d'avoir volé la lettre pour Monsieur de Tréville. → ......

c. L'hôtelier fait payer d'Artagnan. → ......

d. L'hôtelier fait peur à d'Artagnan en lui parlant de la police. → ......

e. L'inconnu discute avec une jeune femme. → ......

f. L'hôtelier prépare le cheval de l'inconnu. → ......

2 piste 2 → **Avez-vous bien compris ? Écoutez et répondez Vrai ou Faux.**

	Vrai	Faux
1. D'Artagnan blessé continue à insulter l'inconnu.	☐	☐
2. Les affaires de d'Artagnan sont toutes descendues dans la cuisine de l'hôtellerie.	☐	☐
3. L'ennemi de d'Artagnan part avec une femme blonde.	☐	☐
4. Le cardinal de Richelieu a confié une mission à Milady.	☐	☐
5. Milady et l'inconnu se donnent rendez-vous à Londres.	☐	☐
6. D'Artagnan ne peut pas payer parce que l'hôtelier lui a volé son argent.	☐	☐

3 piste 2 → **Avez-vous bien compris ? Écoutez et associez adjectifs et personnages.**

1. Aveugle

2. Fatigué

3. Faux

4. Fou   **a.** Le cheval

5. Heureux   **b.** Milady

6. Jeune   **c.** D'Artagnan

7. Misérable   **d.** Le gentilhomme

8. Rose

4 Complétez les questions avec les mots suivants et répondez :

volé – soigné – osé – loué – gêné – frappé - enlevé

1. Qui a .... la lettre ?

....

2. Pourquoi d'Artagnan a-t-il .... sur la poche de sa veste ?

....

3. D'Artagnan a-t-il .... sa veste ?

....

4. Où d'Artagnan a-t-il .... une chambre ?

....

5. Qui a .... les blessures de d'Artagnan ?

....

6. Qui n'a pas .... se battre avec d'Artagnan ?

....

5 Soulignez le mot qui correspond à la définition.

1. moyen de transport à roues :
   a. une voiture   **b.** un cheval

2. métal précieux jaune :
   a. l'argent   **b.** l'or

3. homme au service d'une personne :
   a. un serviteur   **b.** un hôte

4. soldat noble qui protège le roi :
   a. un garde   **b.** un mousquetaire

6 Répondez aux questions.

1. Pourquoi l'hôtelier aide-t-il en même temps d'Artagnan et le gentilhomme inconnu ?

....

2. Pensez-vous que d'Artagnan est un homme courageux ? Oui ? Non ? Pourquoi ?

....

1 💿 piste 3 → **Avez-vous bien compris ? Écoutez et choisissez les textes corrects en indiquant Vrai ou Faux.**

	Vrai	Faux

1. Monsieur de Tréville est courageux, intelligent, il a de l'esprit et de la chance. Et avec du temps et beaucoup d'argent, il est arrivé à occuper un poste important à côté du roi. ☐ ☐

2. Les mousquetaires de Monsieur de Tréville aiment boire, jouer et tuer leurs ennemis. Ils sont souvent arrêtés, mais ne restent pas longtemps en prison parce que leur chef prend leur défense. ☐ ☐

3. D'Artagnan arrive rue du Vieux-Colombier pas très sûr de lui mais avec un grand sourire et il est heureux que les gens le regardent : il a son chapeau d'une main et son épée de l'autre main. ☐ ☐

4. À l'entrée de l'hôtel de Monsieur de Tréville, quatre mousquetaires se battent avec de vraies épées. Ils sont rapides et très adroits. Mais trois d'entre eux sont blessés. ☐ ☐

2 💿 piste 3 → **Avez-vous bien compris ? Comment sont les mousquetaires du roi ? Écoutez et associez les phrases qui illustrent les adjectifs.**

1. Ils crient fort.
2. C'est au milieu d'un bruit terrible que le jeune homme avance.
3. Ils tuent souvent.
4. Ils se battent.
5. Leurs voix roulent d'un mur à l'autre comme le tonnerre.
6. Je vous défends de jouer de l'épée au coin des rues.
7. Ils sont mal habillés.

a. bruyants
b. violents
c. pas élégants

3 piste 3 → **Avez-vous bien compris ? Écoutez et associez les noms des personnages aux descriptions.**

1. Il a un beau visage, élégant mais très pâle.

2. Il porte une veste bleue usée.

3. Il tousse et semble malade.

4. Il est mince et fin.

5. Il parle avec un accent.

6. Il perd connaissance.

a. Athos

b. Porthos

c. Aramis

d. D'Artagnan

4 **Lisez ces deux phrases :** *Le cardinal* **fait enfermer** *les hommes en prison* (C'est le cardinal qui donne les ordres, il est responsable de ce qui se passe). *Les hommes* **se font enfermer** *en prison.* (Les hommes sont enfermés, quelqu'un donne des ordres, ils ne sont pas responsables de ce qui se passe).

Classez les phrases suivantes selon leur signification.

1. Ils font sonner leurs épées.

2. Ils risquent de se faire tuer.

3. Il fait voler la lettre.

4. Il fait tuer son ennemi.

5. Ils se font arrêter.

6. Il fait porter Athos dans la cuisine.

a. Il/Ils est/sont responsable(s) de ce qui se passe.

b. Il/Ils n'est/ne sont pas responsable(s) de ce qui se passe.

5 **Répondez aux questions.**

1. Pourquoi est-ce que tout le monde rit chaque fois que le sang coule ? Les mousquetaires sont-ils méchants, cruels ?

....

....

2. Monsieur de Tréville dit que, si ses mousquetaires ont peur de se battre, ils doivent devenir des religieux. Que pensez-vous de cette alternative ? Le choix, soldat ou religieux, était-il le même dans votre pays à la même époque ?

....

....

CHAPITRE 4

1 💿 piste 4 → **Avez-vous bien compris ? Écoutez et répondez Vrai ou Faux.**

	Vrai	Faux
1. Les ordres du roi sont plus importants que les ordres du cardinal Richelieu.	☐	☐
2. D'Artagnan veut devenir mousquetaire parce que cela lui semble difficile.	☐	☐
3. Monsieur de Tréville offre à d'Artagnan de lui payer sa formation chez les mousquetaires.	☐	☐
4. Monsieur de Tréville a peur que d'Artagnan ne lui dise pas la vérité.	☐	☐
5. D'Artagnan ne fait pas confiance à Monsieur de Tréville.	☐	☐
6. D'Artagnan quitte la pièce sans lettre de recommandation.	☐	☐

2 💿 piste 4 → **Avez-vous bien compris ? Écoutez et soulignez la réponse correcte.**

1. Pourquoi Monsieur de Tréville demande-t-il pardon à d'Artagnan ?

Il ne se souvient pas de lui. - Il ne l'a pas remarqué.

2. Comment monsieur de Tréville interprète-t-il le sourire de d'Artagnan ?

C'est un signe de courage. - C'est un signe d'intelligence.

3. Que recommande Monsieur de Tréville à d'Artagnan ?

Ne pas se battre contre le gentilhomme. - Rechercher le gentilhomme.

4. Comment Monsieur de Tréville teste-t-il l'honnêteté de d'Artagnan ?

Il lui pose des questions. - Il lui dit des mensonges.

5. Que fait d'Artagnan quand il voit le gentilhomme ?

Il crie et part sans dire au revoir. - Il saute par la fenêtre et le poursuit.

3 Monsieur de Tréville a des doutes. Reformulez les questions.

Exemple : C'était un homme grand et beau, non ?
> ➔ *N'était-ce pas un homme grand et beau ?*

1. Vous avez entendu leur conversation, non ?

➔ ....

2. Cette femme était anglaise, non ?

➔ ....

3. L'homme portait une cicatrice au visage, non ?

➔ ....

4 Mettez les mots dans l'ordre pour faire des phrases.
Le premier mot commence par une majuscule.

1. de – des – Il – questions – s'empêcher – peut – poser – ne

....

2. vous – Je – écrire – dépêche – cette – me – de – lettre

....

3. haut – vous – parler – Vous – garder – devez – de – tout

....

4. Elle – de – homme – a – connaître – cet – bien – l'air

....

5 En français, il existe l'expression : *Plaider le faux pour savoir le vrai.*
Cela signifie : dire à quelqu'un quelque chose de faux pour savoir
la vérité.

1. À quel personnage associez-vous cette expression ?

....

2. Cette expression existe-t-elle dans votre langue ?

....

CHAPITRE **5**

1 💿 piste 5 → **Avez-vous bien compris ? Écoutez et cochez la/les réponse(s) correcte(s).**

1. D'Artagnan bouscule Athos :
☐ **a.** en haut de l'escalier.
☐ **b.** dans l'escalier.
☐ **c.** en bas de l'escalier.

2. D'Artagnan :
☐ **a.** décide de se battre en duel contre Athos.
☐ **b.** accepte de se battre en duel contre Athos.
☐ **c.** refuse de se battre en duel contre Athos.

3. D'Artagnan est :
☐ **a.** inquiet.
☐ **b.** assez content de lui.
☐ **c.** furieux contre Monsieur de Tréville.

4. Aramis veut :
☐ **a.** que le cardinal arrête d'Artagnan.
☐ **b.** tuer d'Artagnan.
☐ **c.** que d'Artagnan ramasse son mouchoir.

2 💿 piste 5 → **Avez-vous bien compris ? Répondez Vrai ou Faux.**

	Vrai	Faux
1. Selon Athos et Aramis, d'Artagnan est malpoli parce qu'il n'est pas parisien.	☐	☐
2. D'Artagnan sera prêt à se battre contre Athos à midi.	☐	☐
3. D'Artagnan croit voir l'inconnu entrer dans une maison près du Luxembourg.	☐	☐
4. D'Artagnan regrette d'avoir fait mal à Athos.	☐	☐
5. D'Artagnan veut garder le mouchoir tombé par terre.	☐	☐

3 💿 piste 5 → **Avez-vous bien entendu ? Écoutez le début de la piste 5 et soulignez la forme correcte.**

D'Artagnan traverse la salle d'entrée en trois *sauts/pas* et court vers l'escalier. Mais, *à ce moment/à un moment*, un mousquetaire sort par une petite porte et d'Artagnan *se jette/se précipite* contre lui. Le mousquetaire *lance/pousse* un cri.

– « Excusez-moi, dit d'Artagnan, excusez-moi, mais je suis pressé ».

Et il *sort/repart*. Au moment où il arrive à l'escalier, une main de fer lui *prend/frappe* l'épaule.

– « Vous êtes pressé !, lui dit le mousquetaire *vert de rage/blanc comme neige*.

4 **Associez les noms des objets ou des comportements à leur utilité.**

1. Un baudrier
2. Un duel
3. Les excuses
4. Un manteau
5. Un mouchoir
6. Le cuir

a. Défendre son honneur et sa dignité.
b. Essuyer des larmes, par exemple.
c. Exprimer un regret.
d. Soutenir une épée.
e. Se protéger du froid.
f. Fabriquer des objets très solides.

5 **Mettez les mots dans l'ordre pour faire des phrases : ce sont des excuses ou des reproches.**

1. vous – de – n'ai – voulu – Je – pas – mal ! – faire

....

2. ça ? – à – avez – courir – comme – Qu' – vous – est-ce que

....

3. que – Vous – vous ? – voyez – je – devant – pas – ne – suis

....

4. avoir – Je – prie – vous – de – excuser – menti – m' – de

....

6 **Pour quelles raisons Athos, Porthos et Aramis veulent-ils se battre en duel contre d'Artagnan ?**

Athos : ....

Porthos : ....

Aramis : ....

1 💿 piste 6 → **Avez-vous bien compris ? Écoutez et classez ces actions dans leur ordre chronologique (de 1 à 8).**

a. Les hommes du cardinal arrivent. → ......
b. D'Artagnan présente des excuses aux trois mousquetaires. → ......
c. Aramis lève son chapeau. → ......
d. Athos se lève et se dirige vers d'Artagnan. → ......
e. Athos et d'Artagnan se serrent la main. → ......
f. D'Artagnan offre son médicament miracle à Athos. → ......
g. Athos remarque un sourire sur les lèvres de d'Artagnan. → ......
h. D'Artagnan sort son épée. → ......

2 💿 piste 6 → **Avez-vous bien compris ? Écoutez et associez informations et personnages.**

1. Fait mieux que se défendre.
2. Mieux vaut mourir que de demander une aide.
3. Grand et large comme une armoire.
4. Un beau visage.
5. Il se bat parce qu'il se bat.
6. Un air de grand seigneur.
7. Il se bat pour une question de religion.
8. Un mangeur d'enfants.
9. Il parle beaucoup.

a. Athos
b. Porthos
c. Aramis

3 💿 piste 6 → **Avez-vous bien compris ? Qui se bat contre qui ? Répondez Vrai ou Faux.**

	Vrai	Faux
1. Athos se bat contre d'Artagnan.	☐	☐
2. D'Artagnan tue Jussac.	☐	☐
3. Aramis tue un garde du cardinal.	☐	☐
4. Athos se bat contre Cahusac.	☐	☐
5. Porthos se bat contre Bicarat.	☐	☐
6. D'Artagnan blesse Cahusac.	☐	☐
7. Aramis se bat contre Bicarat.	☐	☐

4 Soulignez les expressions équivalentes.

1. Si cela ne vous fait rien : *si vous êtes d'accord – si vous avez le temps.*

2. On ne nous voit jamais l'un sans l'autre :
Nous faisons les mêmes choses. – Nous sommes toujours ensemble.

3. C'est ce que vous avez de mieux à faire :
C'est dans votre intérêt. – Ce n'est pas le bon chemin.

4. Il se contente de rire :
Il rit pour montrer qu'il est content. – Il rit sans faire autre chose.

5. On ne réussit à Paris que si le roi le veut : *Pour réussir à Paris, on doit avoir l'accord du roi. - Pour réussir, on va à Paris voir le roi.*

5 Classez les mots selon le thème :

cœur – coude – ennemi – fer – fourreau – front – heureux – lèvres – joie – peur – sourire

Expressions de sentiments	Parties du corps	Combats à l'épée
....	....	....
....	....	....

6 On dit que la devise des *Trois Mousquetaires* est « *un pour tous, tous pour un* ». Comment ce chapitre illustre-t-il cette devise ?

....

....

....

____ CHAPITRE **7** _____

1 💿 piste 7 → Avez-vous bien compris ? Écoutez et retrouvez l'ordre des actions.

a. De Tréville parle de d'Artagnan au roi. → ......

b. Les mousquetaires jouent au Luxembourg. → ......

c. De Tréville accuse les gardes de Richelieu. → ......

d. De Tréville part seul au Louvre. → ......

e. Bernajoux et d'Artagnan décident de se battre en duel. → ......

2 piste 7 → **Avez-vous bien compris ? Écoutez et cochez les réponses correctes.**

1. De Tréville veut :
☐ **a.** interdire aux mousquetaires d'aller voir le cardinal.
☐ **b.** prendre la défense de ses hommes.
☐ **c.** avoir le temps de réfléchir.

2. Le roi accepte de recevoir :
☐ **a.** d'Artagnan.
☐ **b.** Athos, Porthos, Aramis, d'Artagnan et de Tréville.
☐ **c.** les quatre mousquetaires.

3. Ce qui est nouveau pour d'Artagnan, c'est de :
☐ **a.** jouer à la balle.
☐ **b.** se battre.
☐ **c.** parler à un garde du cardinal.

4. Le garde du cardinal, Bernajoux :
☐ **a.** insulte directement le roi.
☐ **b.** se moque de la manière de jouer de d'Artagnan.
☐ **c.** est suivi d'un chien.

5. Le roi est parti à Saint-Germain :
☐ **a.** hier soir.
☐ **b.** ce matin.
☐ **c.** hier matin.

3 piste 7 → **Avez-vous bien compris ? Écoutez tout particulièrement le passage du duel entre Bernajoux et d'Artagnan** *(Mais d'Artagnan a beaucoup appris... → À nous, mousquetaires !)*. **Sur les 5 phrases proposées, 3 ne sont pas exactement correctes. Cochez ces 3 phrases et corrigez-les.**

☐ **1.** Il a décidé de ne pas reculer.

....

☐ **2.** Bernajoux est vraiment blessé.

....

☐ **3.** Il crie que ce n'est rien et se lance de nouveau en avant.

....

☐ **4.** L'épée de d'Artagnan touche l'épaule de l'homme.

....

☐ **5.** À ce moment, Bernajoux tombe.

....

4 **Quel est le mot caché ? Complétez la grille.**

1. Un sport qui consiste à tuer des animaux.

2. La partie du vêtement où le roi met son argent.

3. C'est un peu le hasard.

4. Quand on joue, c'est pour .... , pas pour perdre.

5. Se battre pour tuer, ce n'est pas un ....

6. Le roi Louis XIII en est un : il dit qui a raison, qui a tort.

7. Quand on perd la première, on veut gagner la deuxième.

Mot caché : Les mousquetaires du roi et les gardes du cardinal

se battent pour défendre leur ....

5 **Complétez les phrases avec :**

1. *mais – d'abord – comme – ensuite.*

.... ils jouent à la balle à quatre, ...

d'Artagnan ne sait pas bien jouer, ils sont .... à deux seulement.

2. *car – presque – sans doute.*

D'Artagnan a .... tué Bernajoux. Et il n'a pas peur, ...

il va .... être félicité par ses amis.

3. *au contraire – déjà – le matin même – donc.*

Le roi est .... parti. Monsieur de Tréville ne peut ....

pas le voir .... , il devra .... attendre longtemps.

6 **À votre avis, pourquoi le roi précise-t-il à Monsieur de Tréville d'arriver avec ses mousquetaires par le petit escalier ?**

....

....

....

CHAPITRE 8

1 💿 **piste 8 → Avez-vous bien compris ? Écoutez et choisissez les textes corrects en indiquant Vrai ou Faux.**

	Vrai	Faux
1. Le roi reproche à Monsieur de Tréville d'être le chef de mousquetaires qui ne respectent pas les gardes du cardinal. Mais le roi dit aussi qu'il ne fait pas confiance à Richelieu.	☐	☐
2. Monsieur de Tréville et le duc de la Trémoïlle se rencontrent et ce dernier accepte du chef des mousquetaires du roi des excuses pour le comportement de ses hommes.	☐	☐
3. Les mousquetaires ont blessé plusieurs gardes de Richelieu, mais le roi ne se met pas vraiment en colère. Il demande juste aux jeunes gens de faire moins de victimes.	☐	☐
4. Pour récompenser d'Artagnan, le roi lui donne de l'argent et demande à Monsieur de Tréville de former ce futur mousquetaire.	☐	☐

2 🔘 piste 8 → **Avez-vous bien compris ? Écoutez et associez.**

1. Deux jours
2. Neuf heures
3. Pas tout à fait trente minutes
4. Sept heures

   a. Durée de l'attente des mousque- taires avant de voir le roi.
   b. Temps passé par d'Artagnan à Paris.
   c. Heure à laquelle le roi attend une personne.
   d. Heure du rendez-vous entre le roi et de Tréville.

3 🔘 piste 8 → **Avez-vous bien compris ? Écoutez et répondez aux questions.**

1. Pourquoi le roi dit-il que ses nouvelles sont mauvaises ?

....

2. Qu'est-ce que le roi reproche aux chiens de chasse ?

....

3. Pour qui de Tréville vient-il demander justice au roi ?

....

4. Où d'Artagnan va-t-il faire une formation de mousquetaires ?

....

4 **Associez ces expressions imagées (parties du corps) avec leur signification.**

1. avoir du nez
2. avoir le cœur sur la main
3. avoir la tête sur les épaules
4. tenir à sa peau

   a. ne pas vouloir mourir
   b. savoir ce que l'on fait, être raisonnable
   c. deviner
   d. être généreux

5 **Imaginez ce que vont devenir les personnages.**

1. Milady : ....

2. Athos, Porthos et Aramis : ....

3. D'Artagnan : ....

FICHE 1 | ALEXANDRE DUMAS ET SON ŒUVRE

Alexandre Dumas est né en 1802, à Villers-Cotterêts (nord de Paris) et il est mort près de Dieppe (ouest de Paris), en 1870. À 20 ans, il s'installe à Paris où il découvre le monde du théâtre et de la littérature, les « Romantiques » notamment. Son premier succès est un vaudeville, puis il écrit un drame historique *Henri III et sa cour* en 1828. Alexandre Dumas a des difficultés financières jusqu'à ce qu'il commence à écrire des romans-feuilletons publiés dans des journaux, des fresques historiques. Les auteurs de ces ouvrages sont payés « à la ligne », ils écrivent donc beaucoup et se font aider par des collaborateurs (des nègres). Grâce au succès de tous ses romans, Dumas se fait construire le château de Monte-Cristo et un théâtre, il continue sa production littéraire intensive, mais il fait faillite. Politiquement, il prend position pour la République contre l'empereur Napoléon III. Il laisse une œuvre considérable. En 2002, sa dépouille est transférée au Panthéon (Paris), là où sont les Grands Hommes français. Jacques Chirac a dit de lui « *Avec ce geste, la République donnera toute sa place à l'un de ses enfants les plus turbulents et les plus talentueux, dont toute la vie fut au service de notre idéal républicain.* »

1 Faites une recherche sur les œuvres d'Alexandre Dumas et complétez le tableau : à quelle période de l'Histoire se déroulent-elles ?

XVIe siècle – XVIIe siècle – XVIIIe siècle - XIXe siècle

Titre de l'œuvre	Période de l'Histoire
1. Le Collier de la Reine	....
2. La Dame de Montsoreau	....
3. La Tulipe noire	....
4. Les Trois Mousquetaires	....
5. Le Vicomte de Bragelonne	....
6. Le Comte de Monte-Cristo	....
7. La Reine Margot	....
8. Henri III et sa cour	....

2 **Associez.**

a. Spectacle où des acteurs parlent et agissent à la place d'autres.

b. Comédie légère avec chansons et danse.

1. Romantisme
2. Nègre
3. Mélodrame
4. Roman-feuilleton
5. Vaudeville
6. Roman de cape et d'épée
7. Théâtre

c. Art où les sentiments sont plus importants que la raison.

d. Roman d'aventures populaires où les héros pratiquent l'escrime.

e. Drame populaire qui oppose les bons et les méchants.

f. Roman populaire qui paraît par épisodes dans un journal.

g. Personne qui écrit à la place d'un écrivain connu.

3 **Répondez aux questions.**

1. D'Artagnan, Athos, Porthos, Aramis, Monsieur de Tréville : quel personnage des *Trois Mousquetaires* préférez-vous ? Pourquoi ?

....

....

....

....

....

2. Aimez-vous les romans de cape et d'épée ? Oui ? Non ? Pourquoi ?

....

....

....

....

....

Louis XIII

Louis XIII est né en 1601 à Fontainebleau et mort en 1643 à Saint-Germain-en-Laye (ses terres de chasse). Fils de Maris de Médicis et d'Henri IV (assassiné à Paris en 1610 par Ravaillac), Louis devient roi de France à 9 ans. C'est un garçon timide, sensible, très pieux. Pendant 7 ans (1610-1617), c'est Marie de Médicis qui assure la Régence ; Louis XIII n'aime pas sa mère qui ne s'occupe pas beaucoup de lui. Il a 14 ans quand celle-ci l'oblige à se marier à Anne d'Autriche. En 1617, le jeune roi se rebelle contre sa mère et la force à s'installer au château de Blois, mais elle retrouve une influence politique et, en 1624, fait entrer au gouvernement Armand Jean du Plessis, cardinal de Richelieu. Louis XIII n'a pas beaucoup de sympathie pour le cardinal, mais lui reconnaît des qualités d'homme d'État. Ensemble, ils travaillent à la grandeur de la France. Il y a de nombreux complots à la cour et pour limiter la puissance de la noblesse, Louis XIII interdit les duels. Mais, si la Guerre des religions (1520-1598) est terminée, il reste des conflits entre catholiques et protestants.

1 Quels événements, quels lieux, quels personnages des *Trois Mousquetaires* témoignent de cette période de l'Histoire de France ?

....

....

....

....

....

....

....

Paris

Paris est une ville fermée : elle a longtemps été entourée par des murs, des remparts, des fortifications, des enceintes, des boulevards.

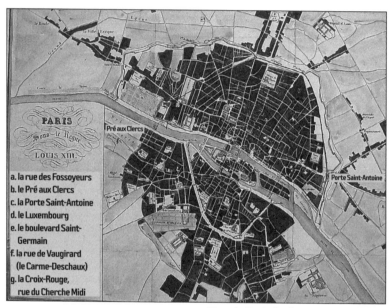

a. la rue des Fossoyeurs
b. le Pré aux Clercs
c. la Porte Saint-Antoine
d. le Luxembourg
e. le boulevard Saint-Germain
f. la rue de Vaugirard (le Carme-Deschaux)
g. la Croix-Rouge, rue du Cherche Midi

Plan de Paris à l'époque de Louis XIII.

2 A partir de la liste de lieux de l'encadré en bas à gauche du plan, retrouvez l'ordre dans lequel ces endroits sont mentionnés dans le livre.

....

....

3 Au XVIIe siècle, votre pays était-il en guerre ? Y avait-il des rivalités dans la population ? En quoi l'Histoire de votre pays à l'époque de d'Artagnan est-elle différente ou semblable à celle de la France ?

....

....

....

Au XVIIe siècle, la France est le pays d'Europe le plus peuplé. Mais c'est une période difficile (misère, famines, guerres et épidémies). On distingue trois groupes sociaux :

• **la noblesse** (les seigneurs portent des noms à particule « de », habitent dans des châteaux et ont des droits sur les personnes qui travaillent pour eux). Les nobles sont généralement riches et n'obéissent qu'au roi.

• **la bourgeoisie** (les habitants des villes qui vivaient dans les bourgs, la « banlieue »). Les bourgeois sont assez riches aussi, mais ils travaillent, ils ont quelquefois des métiers très durs. Ils sont commerçants, ils s'occupent de la justice, de l'administration, etc.

• **le peuple** (les paysans qui ne sont pas propriétaires de leur terre ou des hommes et des femmes qui travaillent de leurs mains pour d'autres personnes).

On fait aussi des différences entre :
les gens qui travaillent pour gagner de l'argent (le Tiers-État), ceux qui font la guerre (la noblesse) et ceux qui consacrent leur vie à Dieu (le clergé).
La société est très chrétienne, principalement catholique, et le clergé, organisé en une hiérarchie stricte, est très puissant.

1 Remettez les lettres en ordre pour trouver 10 noms permettant de parler de la société française au XVIIe siècle.

1. o **h** r m a n e i c   régime politique dans lequel un roi gouverne
2. e t **i** i m l a r i   relatif à l'armée
3. u i d **e**   être unique suprême tout puissant
4. e i s g u b o i o **r**   ensemble des bourgeois
5. s c **a** s l e   groupe de gens qui ont le même genre de vie dans une société
6. t s t t a s e i e **r**   à l'époque de d'Artagnan, l'ensemble des personnes qui ne faisaient partie ni de la noblesse ni du clergé
7. g e e l r **c**   les prêtres, les moines
8. s r c i s e e **h**   la fortune
9. o d s t n n a m **i**   les gens les plus importants, les plus forts
10. o b l n s **e** s e   classe sociale privilégiée

						H					
1											
2					I						
3				E							
4				R							
5			A								
6			R								
7		C									
8			H								
9			I								
10			E								

2 À votre avis, à quel groupe social appartiennent les personnages suivants ?

1. D'Artagnan : ....

2. Monsieur de Tréville : ....

3. L'hôtelier (chapitre 2) : ....

4. Milady : ....

5. Le cardinal de Richelieu : ....

6. Le docteur (chapitre 3) : ....

7. Monsieur de Jussac (chapitre 6) : ....

8. Bicarat (chapitre 6) : ....

9. Bernajoux (chapitre 7) : ....

3 Quelle relation existe entre eux : sympathie ? mépris ?
admiration ? jalousie ? autre ?
Donnez trois exemples et justifiez.

....

....

....

....

....

CORRIGÉS

CHAPITRE 1

1 a. 2, 6, 8, 9 - b. 5,7- c. 3 - d. 4, 1.

2 1. a, c. - 2. b. - 3. b, c.

3 **D'Artagnan** : maigre, brun, intelligent, fier, courageux, susceptible.

Le seigneur inconnu : supérieur, fier, désagréable, susceptible, noir.

4 1. Le cardinal Richelieu. 2. Amis : d'Artagnan, le père de d'Artagnan, Monsieur de Tréville, le roi, les mousquetaires. Pas amis : le cardinal de Richelieu, le seigneur inconnu. 3. Enfants, ils ont joué ensemble.

5 1. Battez-vous. 2. Ne vendez pas le cheval. 3. Faites attention au cheval. 4. N'ayez pas peur.

6 1. Le père de d'Artagnan encourage son fils à ne pas respecter les ordres du cardinal de Richelieu, à être du côté du roi avec les mousquetaires. 2. Un médicament ne peut pas guérir une personne blessée au cœur : physiquement ou sentimentalement.

CHAPITRE 2

1 1. f - 2. d. - 3. e - 4. a - 5. c. - 6. b.

2 1. vrai - 2. vrai - 3. faux - 4. vrai - 5. faux - 6. faux.

3 1. c. - 2. a. - 3. d. - 4. c. - 5. d. - 6. b, c. - 7. d. - 8. b.

4 1. volé. Le seigneur inconnu. 2. frappé. Pour chercher la lettre. 3. enlevé. Oui. 4. loué. Dans Paris, près du Luxembourg. 5. soigné. L'hôtelier. 6. osé. Le seigneur inconnu.

5 1. a - 2. b - 3. a - 4. b

6 1. L'hôtelier cherche seulement à obtenir de l'argent. 2. Réponse libre.

CHAPITRE 3

1 1. faux - 2. vrai - 3. faux - 4. vrai.

2 1. a. - 2. a. - 3. b. - 4. b. - 5. a. - b. - 7. c.

3 1. a. - 2. b. - 3. a. - 4. c. - 5. d. - 6. a.

4 1. a. - 2. b. - 3. a. - 4. a. - 5. b. - 6. a.

5 1. Oui, les mousquetaires sont méchants, cruels : ils sont formés et payés pour se battre et pour essayer d'être les meilleurs. Mais rire est peut-être aussi une manière de former une équipe, d'être amis. 2. Réponse libre.

CHAPITRE 4

1 1. faux - 2 vrai - 3. faux - 4. vrai - 5. faux - 6. vrai.

2 1. Il ne se souvient pas de lui. 2. C'est un signe d'intelligence. 3. D'Artagnan ne doit pas se battre contre le gentilhomme. 4. Il lui dit des mensonges. 5. Il crie et s'en va sans dire au revoir.

3 1. N'avez-vous pas entendu leur conversation ? 2. Cette femme n'était-elle pas anglaise ? 3. L'homme ne portait-il pas une cicatrice au visage ?

4 1. Il ne peut s'empêcher de poser des questions. 2. Je me dépêche de vous écrire cette lettre. 3. Vous devez vous garder de parler tout haut. 4. Elle a l'air de bien connaître cet homme.

5 1. Monsieur de Tréville. 2. Réponse libre.

CHAPITRE 5

1 1. a - 2. b - 3. b - 4. b.

2 1. Vrai. - 2. Faux (Il dit qu'il sera près à midi moins dix.) - 3. Faux (D'Artagnan ne le trouve pas.) - 4. Vrai. - 5. Vrai. - 6. Faux (Il ramasse le mouchoir et le donne à Aramis).

3 sauts - à ce moment - se jette - pousse - repart - prend - blanc comme neige.

4 1. d. - 2. a. - 3. c. - 4. e. - 5. b. - 6. f.

5 1. Je n'ai pas voulu vous faire de mal ! 2. Qu'est-ce que vous avez à courir comme ça ? 3. Vous ne voyez pas que je suis devant vous ? 4. Je vous prie de m'excuser de vous avoir menti.

6 1. D'Artagnan a bousculé Athos, lui a fait mal et n'a pas suffisamment présenté ses excuses ; d'Artagnan a bousculé Porthos, s'est pris dans son manteau et a découvert que son baudrier n'était pas entièrement en or ; d'Artagnan a surpris Aramis avec un mouchoir de femme, Aramis a peur d'être pris pour un homme efféminé.

CHAPITRE 6

1 1. d. - 2. f. - 3. g. - 4. b. - 5. h. - 6. a. - 7. e. - 8. c.

2 1. c. - 2. a. - 3. b. - 4. a, c. - 5. b. - 6. a. - 7. c. - 8. a. - 9. b.

3 1. vrai - 2. faux - 3. vrai - 4. vrai - 5. vrai - 6. faux. - 7. faux.

4 1. si vous êtes d'accord. 2. nous sommes toujours ensemble. 3. c'est dans votre intérêt. 4. il rit sans faire autre chose 5. pour réussir à Paris, on doit avoir l'accord du roi.

5 Expressions de sentiments : heureux, joie, peur, sourire.

Parties du corps : cœur, coude, front, lèvres.

Combats à l'épée : ennemi, fer, fourreau.

6 Réponse libre.

CHAPITRE 7

1 1. d. - 2. c. - 3. a. - 4. b. - 5. e.

2 1. b. - 2. b. - 3. a. - 4. b. - 5. a.

3 1. Il est décidé à ne pas reculer. - 2. Bernajoux est à peine blessé. - 4. L'épée de d'Artagnan entre dans la poitrine de l'homme.

4 1. chasse. - 2. poche. - 3. chance. - 4. gagner. - 5. jeu. - 6. juge. - 7. partie.

Mot caché : honneur.

5 1. *D'abord* ils jouent à la balle à quatre, *mais, comme* d'Artagnan ne sait pas bien jouer, ils sont *ensuite* à deux seulement. 2. D'Artagnan a *presque* tué Bernajoux. Et il n'a pas peur, *car* il va *sans doute* être félicité par ses amis. 3. Le roi est *déjà* parti. Monsieur de Tréville ne peut *donc* pas le voir *le matin même*, il devra *au contraire* attendre longtemps.

6 Le roi ne veut pas que quelqu'un au palais remarque qu'il reçoit des mousquetaires qui se battent contre les gardes du cardinal.

CHAPITRE 8

1 1. faux - 2. vrai - 3. vrai - 4. faux.

2 1. b. - 2. c. - 3. a. - 4. d.

3 1. Le roi dit qu'il s'ennuie, il ne sait pas comment s'occuper. 2. Il leur reproche de ne pas courir assez longtemps derrière un animal pour l'attraper. 3. Il demande justice pour ses mousquetaires. 4. Il va aller chez l'ami de Monsieur de Tréville, le duc des Essarts.

4 1. c. - 2. d. - 3. b. - 4. a.

5 Réponse libre.

Achevé d'imprimer en France par la Nouvelle Imprimerie Laballery
Dépôt légal : janvier 2012 – Collection n° 04 – Édition n° 01 – 15/5757/8
N° d'impression : 112253